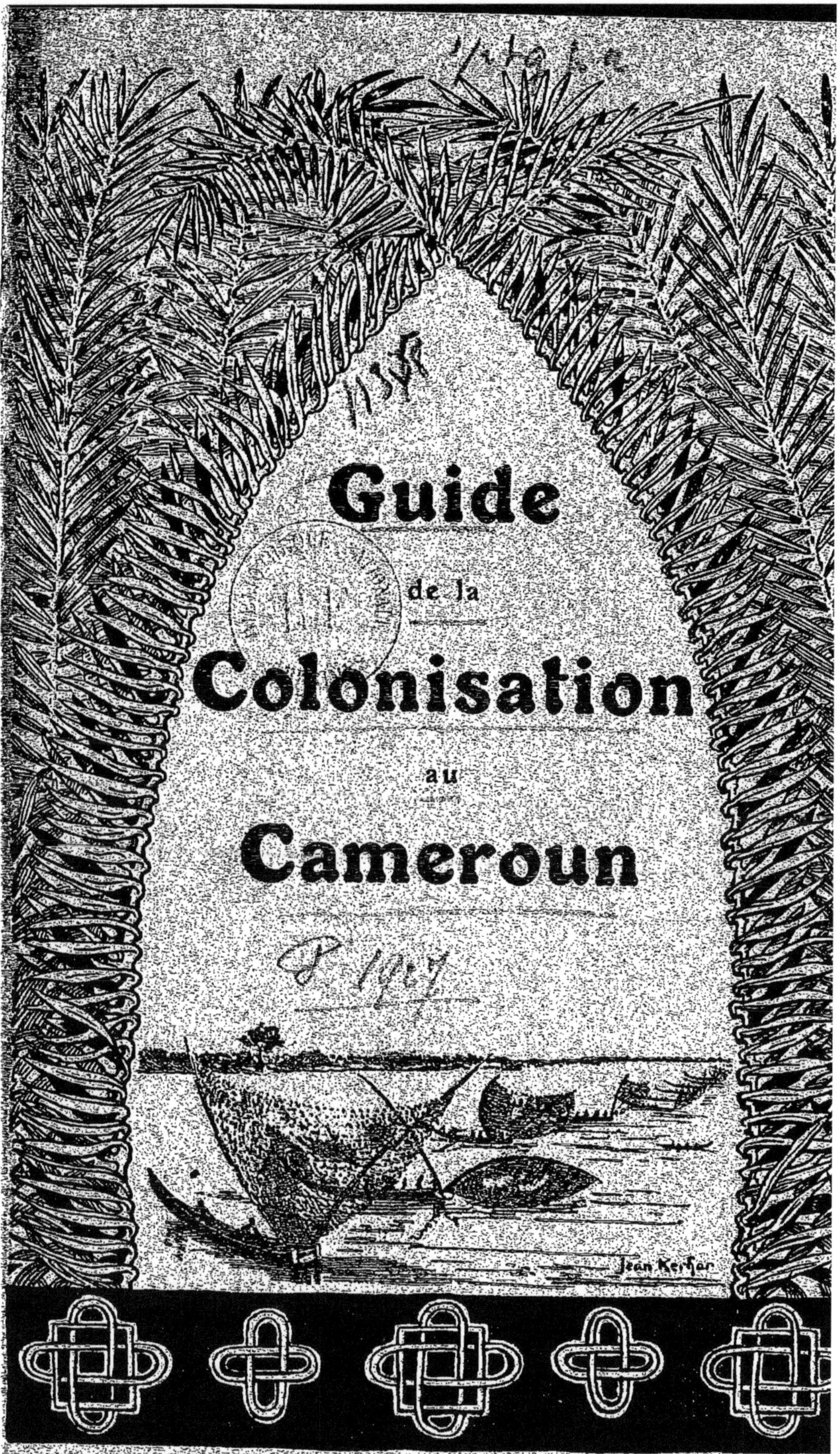
Guide
de la
Colonisation
au
Cameroun

GUIDE DE LA COLONISATION
AU
CAMEROUN

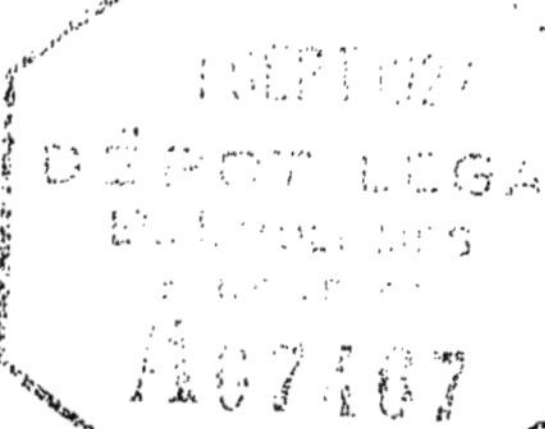

Commissariat de la République Française au Cameroun

GUIDE
DE LA
COLONISATION
AU
CAMEROUN

Avec 3 graphiques, 3 cartes et 33 reproductions photographiques

PARIS Ve
LIBRAIRIE EMILE LAROSE
11, RUE VICTOR-COUSIN, 11

1927

Fig. 1. — M. le Gouverneur Marchand,
Commissaire de la République au Cameroun

NOTE DE L'ÉDITEUR

Pendant la durée d'impression du présent ouvrage, des textes sont intervenus qui ont modifié certaines des dispositions administratives jusqu'alors en vigueur dans le Territoire.

Ces textes sont : le décret du 13 avril 1927, réorganisant le Conseil d'administration et celui du contentieux ; — le décret du 15 juin 1927, relatif aux pouvoirs du Commissaire de la République en matière d'expulsions ; — le décret du 15 juillet 1927, portant réorganisation de la Justice française au Cameroun.

CHAPITRE PREMIER

GEOGRAPHIE PHYSIQUE

Aspect général du pays. — Orographie. — Géologie. — Hydrographie. — Bassins : côtier, du Congo, du Niger, du Tchad. — Climatologie. — Aspect général de la flore. — Aspect général de la faune.

Aspect général du pays
Limites. — Superficie. — Orographie

La façade du Cameroun sur l'Océan n'est que de 200 kilomètres environ, alors que son arrière-pays s'enfonce loin dans l'intérieur, jusqu'au lac Tchad, sur plus de 1.500 kilomètres. Toute la partie méridionale confinant la mer, les colonies du Gabon et du Moyen-Congo, est occupée par la grande forêt dense qui couvre environ 150.000 kilomètres carrés. Les colonies de l'Oubangui-Chari et du Tchad limitent le territoire à l'Est, tandis que le Cameroun britannique, englobé dans la Nigéria, en forme la frontière occidentale. Le Sud est limité par la Guinée espagnole et le Gabon.

Le territoire du Cameroun est d'une étendue de 425.000 kilomètres carrés environ. Il est compris entre les parallèles 2 et 13 de latitude Nord et les méridiens 9°45″ et 16°15″ de longitude Est.

Aucune région de l'Ouest Africain n'est orographiquement comparable au Cameroun, pas même la région du Fouta-Djallon montueuse et pittoresque de notre Guinée française. Habitué à longer un littoral bas et monotone, le voyageur voit tout à coup se dresser devant lui, quand le navire entre dans le golfe de Biafra, deux massifs majestueux, surplombant la mer : celui de l'île de Fernando-Po, et celui du Cameroun, d'une superficie de 40 kilomètres carrés, dont le point culminant couvert de neige, certains jours, atteint 4.040 mètres, au pic du Fake. Ces deux massifs font partie d'une chaîne volcanique qui a encore des témoins plus au large dans l'Océan, notamment l'île portugaise de San-Thomé, et qui se prolonge à l'intérieur en épanchements plus ou moins étendus parmi les soulèvements de granit et de schistes cristallins.

A une zone littorale formée de vase, de sable et de sédiments divers, succède aussitôt une zone de terrains latéritiques, présentant quelques pointements de roche cristalline intacte, formant un sol très plissé, avec des collines qui s'élèvent graduellement en étages de 300 à 500 mètres, de 500 à 700 mètres, de 700 à 900 mètres, pour accéder à un plateau central dont l'altitude moyenne est de 1.100 mètres et où les sommets de 1.500 à 1.600 mètres ne sont pas rares. Qu'on ne s'imagine pas ce plateau sans relief. Il est lui-même coupé de ravins, de nombreuses vallées profondes. Il en émerge des dykes, de petits massifs schisteux et des lambeaux de formation volcanique.

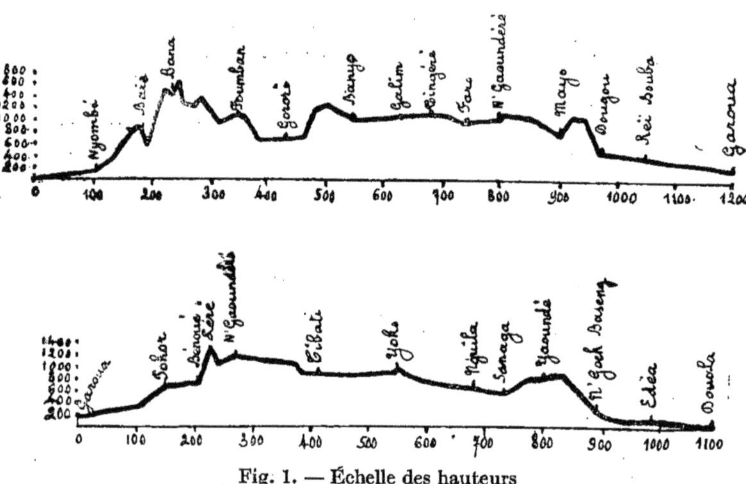

Fig. 1. — Échelle des hauteurs

Flanquant la grande forêt à l'Ouest et au Nord-Ouest, les hauts massifs dressent leurs majestueuses cimes, d'où se déroulent les plus splendides panoramas qu'il soit donné de contempler. Le moutonnement des montagnes herbeuses, quelquefois boisées, apparaît sur d'immenses horizons. Les ruisseaux torrentiels dévalent des cônes de déjection vers les cours d'eau qui se précipitent dans les vallées d'équilibre en bonds tumultueux et grandioses à travers la sauvagerie des roches énormes amoncelées, chaotiques. Ici, un cratère avec son lac suspendu, objet de terrifiantes superstitions des indigènes ; sur les flancs, les plantations dessinant des rectangles montent jusqu'à ses lèvres. Là, une gorge étroite, d'où la végétation touffue de fougères arborescen-

Fig. 2. — Fosse des eaux de Galim

Fig. 3. — Mendif. Vue générale de la contrée vers le Nord-Est

tes, de parasoliers, d'arbres gigantesques, de dracénas à longues feuilles en bouquets s'élance droite et raidie vers la lumière, à travers le brouillard des altitudes. Un climat doux et frais, un air léger, un sol remarquablement fertile, cultivé avec soin par une population très primitive mais possédant d'incontestables aptitudes agricoles, avec un sens aigu et curieux de la propriété.

Des huttes hautes, spacieuses, calfeutrées, couvertes d'un chaume épais, percées d'une porte minuscule, sont dispersées dans la campagne parmi les champs de taro, de maïs, de patates, de manioc, d'arachides, de pommes de terre, au milieu de touffes de bananiers. Plus loin, une jungle immense, habitat de troupeaux d'éléphants et de buffles, inondée une partie de l'année, infestée de mouches et de moustiques, couverte de hautes herbes andropogon, où l'homme rarement s'aventure.

En parcourant ce beau pays montagneux où les épanchements volcaniques et les cratères avec leurs orgues basaltiques voisinent les massifs de granit et de schiste cristallin, on ne peut s'empêcher de le comparer à notre Massif Central, à notre splendide Auvergne.

Les Allemands songeaient à faire de cette région salubre un pays de peuplement.

Le plateau central s'achève brusquement au Nord, à la hauteur de la vallée de la Bénoué, et, alors, s'étend jusqu'au Tchad une plaine immense à substratum gréseux. C'est d'abord une morne steppe à grosse roches érodées, avec une végétation arborescente très dispersée et flanquée à l'Ouest de petits îlots montagneux : les monts Alantika et les monts du Mandara. C'est ensuite une étendue de terrains argileux, inondée une partie de l'année, s'asséchant brusquement, se craquelant en une multitude de crevasses ; c'est le pays de la terre cassée, au sol noir, d'où le vent arrache une poussière fort désagréable.

Les régions sud du Cameroun offrent un aspect moins grandiose et moins pittoresque que les hauts massifs de l'Ouest. La forêt est néanmoins très accidentée jusqu'au 11° de longitude Est, mais l'absence de perspective en rend l'aspect monotone. Au delà, vers le bassin du Congo, la forêt couvre un sol moins plissé et des clairières égaient ses profondeurs.

Géologie

Les terrains dominants jusqu'à la latitude de Mora sont constitués par des schistes cristallins, mais la vallée de la Bénoué jusqu'à Garoua appartient au crétacé supérieur, formation qui se retrouve au Sud comme un croissant dont les pointes seraient à proximité de Kribi et de Rio del Rey, et les convexités un peu au nord de Douala et de Yabassi.

Le littoral proprement dit, entre l'embouchure du Nyong et la base du massif du Cameroun, est de constitution récente, avec des sables, des vases, des alluvions.

Des îlots de roches éruptives anciennes, principalement granitiques, pointent çà et là, notamment dans la chaîne volcanique. L'un d'eux comprend les monts du Mandara.

Les formations volcaniques appartiennent à la série tertiaire : basalte, trachyte. Elles se rencontrent de la côte à l'Ouest jusqu'au nord de Ngaoundéré.

De Mora jusqu'au lac Tchad, les terrains récents dominent nettement avec des grés, un sol argilo-sablonneux, des vases, des alluvions (terre cassée).

Hydrographie

Bassin côtier. — Le plateau central est intéressant au point de vue hydrographique : c'est là que prennent leur source des cours d'eau appartenant au bassin côtier, au bassin du Congo à l'Est, au bassin du Niger à l'Ouest, et au bassin du Tchad au Nord.

Les rivières du bassin côtier sont nombreuses. Ce sont : le Mungo, le Wouri, la Dibamba, la Dibeng, le Nkam, le Makembé, le Cameroun, la Sanaga, le Nyong et le Campo.

Certaines de ces rivières sont accessibles aux petits vapeurs côtiers. Le Mungo est navigable en toutes saisons jusqu'à Manga-beach, à 120 kilomètres de son embouchure ; le Wouri est navigable jusqu'à Yabassi, à 65 kilomètres de son embouchure, et la Dibamba jusqu'à 60 kilomètres. Du Cameroun partent des criques nombreuses, qui s'enfoncent profondément dans les terres et multiplient les routes navigables.

La Sanaga est une des plus importantes rivières du Cameroun, elle reçoit de nombreux affluents. Elle est navigable sur un bief de 80 kilomètres, de la mer à Edéa. Ses affluents en aval d'Edéa traversent une région vaste et souvent inondée. Ils sont accessibles aux pirogues en toutes saisons et permettent de passer, aux hautes eaux, de la Sanaga au Nyong. Une crique, nommée la rivière Kouakoua, permet de communiquer avec le Cameroun.

Le Nyong est navigable jusqu'à Déhane, à 60 kilomètres de

Fig. 4. — Embouchure du Kribi et phare

Fig. 5. — Pirogue sur le Chari

la mer. Dans la partie supérieure de son cours, il a un bief navigable d'une longueur ininterrompue de 250 kilomètres, accessible aux petits vapeurs et aux bâtiments légers à pétrole. Cette partie navigable s'étend de Mbalmayo, où aboutit un embranchement de la voie du centre, à Abong-Mbang, centre des régions productrices de caoutchouc et de palmistes.

Le Campo est navigable jusqu'à 40 kilomètres de la côte.

Les rivières du bassin côtier sont sur leurs parcours coupées de ruptures de pente constituant de très belles et très puissantes chutes d'eau, qui sont des réserves considérables de houille blanche. Parmi les plus connues, il y a lieu de citer les chutes de la Sanaga, à Edéa et au lieu dit Nachtigal, les chutes Herbert, les chutes d'Ekom, de la rivière Nkam.

Bassin du Congo. — La Ngoko, qui se jette dans la Sangha à Ouesso, sert de limite, dans son cours inférieur, entre le Cameroun et la colonie du Moyen-Congo. Elle est navigable aux petits vapeurs jusqu'à Moloundou. Au delà, elle prend le nom de Dja ; elle offre encore des biefs assez étendus accessibles aux pirogues.

Un peu plus au Nord, descend du plateau central la rivière Kadeï ; elle se jette dans la Sangha à Nola. Son cours est troublé par de nombreux « rapides », et n'est accessible qu'aux pirogues.

Plus au Nord encore, prend naissance la Mambéré, cette rivière qui, avec la Nana, forme la Sangha à Carnot, ne donne au Cameroun que son cours supérieur.

Bassin du Tchad. — La branche occidentale du Logone prend ses sources dans la région de Ngaoundéré. Le Logone forme la limite entre le territoire du Cameroun et la colonie du Tchad, entre le 10° de latitude Nord et le point où le Logone se réunit au Chari. Ce fleuve continue ensuite la limite jusqu'au lac Tchad.

C'est un cours d'eau large d'environ 400 mètres qui roule ses eaux calmes et très poissonneuses entre des berges peu élevées, à travers de vastes plaines à faible altitude, extrêmement peuplées. Chaque année, les inondations recouvrent ces plaines, qui ne forment plus alors que de vastes marécages herbeux et boisés. Les communications entre les villages se font au moyen de pirogues. Le Logone est navigable sur une partie de son cours.

Au nord de Mousgoum, il forme sur sa rive gauche le lac Matia, alimenté en outre par les mayos, Tsangs et Balda, venant du nord-est du Mandara. Entre Goulfeï et Karnak-Logone, de nombreux bras secondaires font communiquer le Logone avec le

Chari. Tous ces bras envoient vers l'intérieur des ramifications étendues et sont en liaison entre eux par de nombreux canaux.

Bassin du Niger. — Une seule rivière importante du bassin du Niger prend naissance dans la partie nord du massif central : la Bénoué.

Les gros vapeurs de rivière remontent la Bénoué jusqu'à Garoua pendant l'hivernage, c'est-à-dire de juin à fin octobre. De petits vapeurs de 30 tonnes peuvent aller jusqu'à Léré, sur le Mayo Kèbi.

La Bénoué, qui traverse de l'Est à l'Ouest la circonscription de Garoua, a une largeur de 3 à 400 mètres. Elle coule en toute saison, mais son débit est assez faible en saison sèche. Sa vallée, si large dans son cours moyen, est étroite, resserrée par les contreforts sud du Mandara et par les hauteurs de la rive gauche ; à partir de Pitoa, la vallée s'élargit et est complètement inondée en saison des pluies. Elle est entièrement couverte de cultures en saison sèche : mil d'été, tabac, citrouilles, oignons, patates. En amont de Garoua, la Bénoué reçoit sur sa rive droite le Mayo Kèbi, venant de Toubouri, gros affluent de 150 à 200 mètres de large, qui est grossi en amont de Gallombé par les Mayos Loué et Boule. Entre Garoua et Yola, elle reçoit le Mayo Tell, descendant du Mandara et qui limite notre frontière avec la Nigéria. Sur sa rive gauche, elle est grossie du Mayo Salla, qui prend sa source dans les Namschis, et par le Faro, très important affluent de 4 à 500 mètres de large, venant des hauts plateaux de Tingéré et sur lequel peuvent circuler des chalands pendant la période de juin à novembre.

Climatologie

SAISONS — PLUIES — TEMPÉRATURES

Saisons. — Pluies. — Au Cameroun, l'année peut être divisée en deux saisons : la saison sèche, de novembre à avril, et la saison des pluies ou hivernage, de mai à octobre inclus.

Les mois de juin, juillet et septembre sont les plus pluvieux. Les pluies sont alors extrêmement fréquentes et abondantes, elles durent des journées entières, parfois pendant une semaine sans arrêt, sans qu'un rayon de soleil vienne dissiper l'humidité sombre qui imprègne toutes choses.

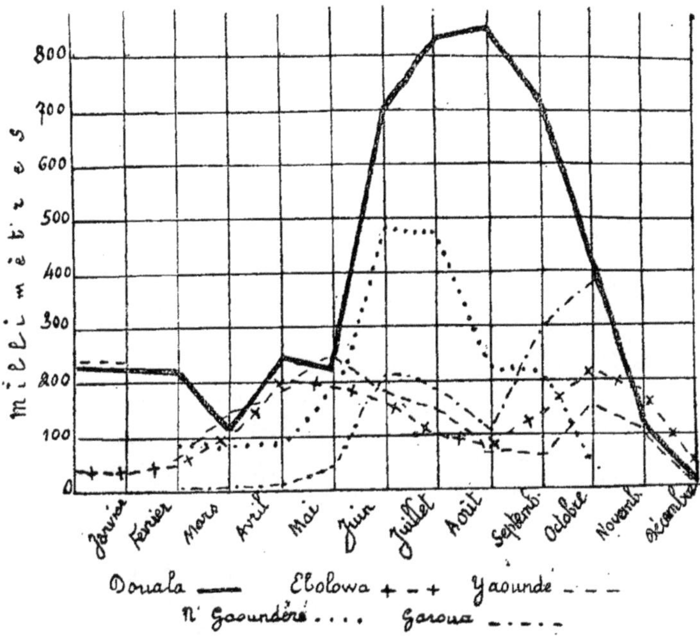

Fig. 2. — Graphique des chutes d'eau mensuelles

Quelques semaines avant ces mois de pluies torrentielles et durant quelques semaines après, existe une période de transition pendant laquelle les pluies sont plus espacées mais violentes quoique assez brèves, orageuses, avec accompagnement de tonnerre et d'éclairs. Ces orages surviennent fréquemment l'après-midi et la nuit.

Un grand nombre d'Européens divisent l'année en quatre saisons, qu'ils nomment : saison sèche, petite saison sèche, saison des pluies, petite saison des pluies. L'inconvénient n'est pas grand, mais c'est peut-être une complication inutile.

Sur toute l'étendue du territoire, du Nord au Sud, règnent ces deux saisons. Dans la partie Nord, la saison des pluies est moins longue que dans le Sud.

La zone côtière, voisine du massif du Cameroun et du paquet volcanique constitué par l'île de Fernando-Po, est l'une des plus pluvieuses du monde. Les anciens occupants qui, en 1913, recevaient des observations pluviométriques de 98 postes, ont enregistré, en certains points, des chutes annuelles de pluies dépassant 11 mètres, alors qu'à Paris, la hauteur moyenne ne dépasse guère 75 centimètres.

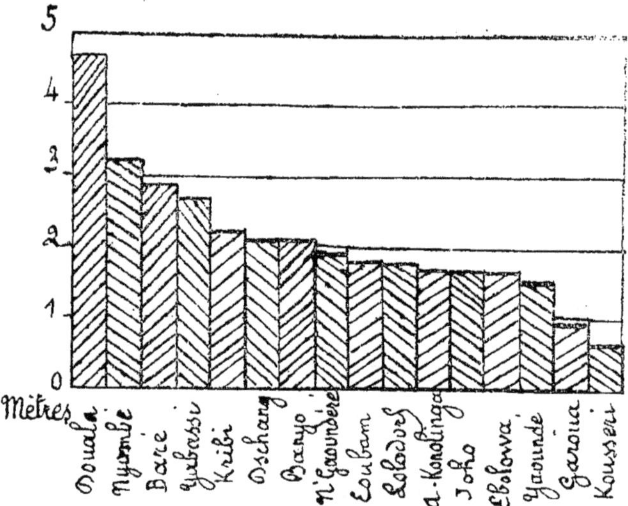

Fig. 3. — Hauteur des chutes d'eau annuelles

A Douala, en 1912, il a été relevé 4 m. 625 et 204 jours de pluie.

Si la partie immédiatement littorale reçoit une plus forte abondance de pluies que n'importe quelle autre région du territoire, il est néanmoins possible de déterminer que dans la zone du Cameroun couverte par la forêt et qui s'étend de la côte sur une moyenne de 200 kilomètres en profondeur, il est peu de points où les pluies annuelles n'atteignent au moins 2 mètres de hauteur et où le nombre de jours de pluies soit inférieur à 150.

Sur le plateau central, les chutes de pluies sont de 1 m. 5 à 2 mètres, mais les jours de pluies dépassent rarement 150 (Ngaoundéré : 1 m. 800 et 138 jours de pluies). Un peu au sud de la Bénoué et jusqu'au 10° de latitude Nord, les hauteurs d'eau oscillent au pluviomètre entre 800 millimètres et 1 mètre (à Garoua : 800 millimètres et 66 jours de pluies).

Dans la région du Tchad, les chutes annuelles oscillent entre 300 millimètres et 600 millimètres (Kousseri : 340 millimètres avec 36 jours de pluies).

Températures. — Le Cameroun s'étend sur près de 1.500 kilomètres, du Nord au Sud ; il comprend des pays de plaines à très faible altitude, des plateaux élevés, tantôt boisés, tantôt herbeux, enfin de vastes forêts qui s'étendent depuis la mer jusqu'à la Sangha, soit sur plus de 600 kilomètres. On conçoit que la température varie très sensiblement avec les différentes zones du territoire et selon les altitudes.

Dans la zone côtière, les températures les plus élevées sont observées durant la saison sèche, avec un maximum de 30° ; les plus basses sont reconnues au cours de la saison des pluies, avec un minimum de 23°. Ces températures, quoique moyennes, sont assez pénibles pour les Européens, en raison de l'état hygrométrique de l'atmosphère. Les pluies font abaisser le degré moyen de la température ; aussi l'hivernage est-il généralement préféré par les Européens.

Il en est à peu près de même jusque vers le 7° de latitude Nord. Alors, les mois de décembre et janvier offrent une température d'autant plus froide qu'on remonte vers le Nord. Cette température s'abaisse encore naturellement sur les hauts plateaux. Partout, les mois les plus chauds sont mars et avril.

A Yaoundé, capitale administrative, construite aux abords du plateau central et sur la lisière de la forêt dense, la température est plus agréable et plus saine. Nous donnons ci-après un tableau des observations climatologiques en 1916-1917 ; les observations ultérieures n'ont révélé aucune modification dans les chiffres donnés :

(*Voir tableau page* 10.)

YAOUNDÉ. — OBSERVATIONS CLIMATOLOGIQUES (1916-1917)

MOIS	Moyennes de température prises à l'ombre			Température la plus haute observée	Température la plus basse observée	Nombre de jours de pluies	OBSERVATIONS — Brouillards Vents dominants
	Moyenne de température maxima	Moyenne de température minima	Température moyenne				
Octobre 1916 ..	23°8	21°7	22°7	26°	20°	24	Pluie le matin et la nuit Vents Est. Brouillards le matin.
Novembre 1916.	25°	21°5	23°	26°	21°	16	Brouillards le matin. Vents Est.
Décembre 1916.	25°2	20°2	24°	27°	17°	3	Vents Est, Sud-Est.
Janvier 1917 ...	25°8	22°	24°	27°	20°	8	Orages après-midi. Vents Est.
Février 1917...	27°	21°	24°	29°	20°	6	Temps couverts. Brouillards. Vents Ouest.
Mars 1917......	26°	21°	24°	28°	21°	5	Grêle au début du mois. Brouillards. Vents Sud-Ouest.
Avril 1917	26°5	21°7	23°6	27°	21°	16	Orage après-midi. Brouillard la nuit. Vents Sud-Est.
Mai 1917	26°5	20°8	23°7	27°	20°	20	Tornades après-midi. Vents Est, Sud-Est.
Juin 1917	26°4	22°	24°	27°	21°	17	Vents Sud-Est.
Juillet 1917....	23°8	19°5	22°	24°	19°	7	Temps frais. Vents Sud-Est.
Août 1917.....	23°1	20°5	22°2	25°	20°	23	Temps couvert et frais. Vents Est, Sud-Ouest.
Septembre 1917.	24°3	21°9	23°7	26°	21°	18	Vents Ouest, Nord-Ouest.

Température moyenne des mois de l'année : 23°4.
L'écart entre les extrêmes a été de 12°.
Journée de pluie dans l'année : 163.

La région de Nkongsamba, Bana, Foumbam, grâce à son altitude, jouit d'un climat tempéré. Les grosses chaleurs y sont inconnues et les nuits sont toujours fraîches. Les différences thermométriques y sont peu marquées d'une saison à l'autre.

Sur le plateau élevé et à peu près dénudé de Ngaoundéré, la température est plus variable. Pendant l'hivernage, à Ngaoundéré, la température moyenne est de 20°. Elle descend de 4 à 5 degrés vers 4 heures du matin, et elle atteint 12° au-dessus de zéro. Vers 9 heures, elle remonte vers 20°, pour atteindre 23 à 24° dans l'après-midi. La température dépasse rarement 25°. Dans la saison sèche, on compte 2 à 3 degrés de plus.

Durant les orages, de brusques variations de température s'observent d'une façon presque instantanée.

Dans le Nord, à Garoua et à Maroua, le minimum de température s'observe en décembre et janvier, et d'autant plus bas que l'on remonte vers le Nord : 12 à 14° à Garoua ; 9° à Maroua ; 8° à Kousseri et 6° à Kouba ; maximum de 30 à 33°.

On observe, en mars et avril, les températures les plus élevées : on a observé souvent 39 et 40° et jusqu'à 42°.

Aspect général de la flore

Le Cameroun se divise en deux zones distinctes : la zone forestière et la zone des savanes, plus ou moins boisées.

L'aspect de la forêt varie selon la nature du sol. Les terrains alluvionnaires, formés de vase, de sable, terrains salés, parfois inondés, sont recouverts de palétuviers. Cette végétation couvre à peu près toute la côte, sur une profondeur variable qui augmente à l'embouchure des rivières.

Les terrains marécageux donnent naissance aux raphias, aux sagittaires et aux pandanus. On les rencontre dans la première partie du chemin de fer du Nord ; sur les bords de la rivière Abo, du Wouri, du Mongo, de la Sanaga, du Nyong, des rivières Kribi et Campo, ainsi que dans les terres à « poto-poto » des régions du Sud-Est.

Sur les terrains sédimentaires poussent les espèces les plus abondantes, grâce à la profondeur du sol végétal. Les régions du Sud-Est offrent les plus belles forêts.

La variété des arbres est innombrable. Les espèces forment parfois des peuplements groupés (*Funtumia élastica*, palmier à huile, etc.), mais elles sont en général disséminées et mélangées entre elles.

Au chapitre où sera traitée l'exploitation des forêts, on trouvera la description des principales essences.

La forêt dense cesse peu à peu ; des clairières trouent la forêt, puis des savanes se forment dans les vallées, sur le flanc des coteaux. Puis, seules, les rives des rivières sont couvertes d'une bordure d'arbres plus ou moins étendue, ainsi que le sommet des coteaux. Peu à peu, cette végétation s'espace et disparaît, quand on s'élève sur les hauts plateaux. C'est le domaine des herbes.

Tantôt, on traverse des savanes sans arbres, couvertes de hautes herbes, tantôt des plaines herbeuses mais semées d'arbres clairsemés ; des karités, des arbres tordus et rabougris, des acacias à gomme, plus nombreux dans la région de Maroua et du Tchad.

Çà et là, se dressent le bombax (fromager), le plus élevé des arbres de l'Afrique, et, tantôt isolés, tantôt en peuplements parfois étendus, les baobabs trapus.

Dans les vallons, aux sources des ruisseaux, le long des cours d'eau, de verts bouquets de végétation forment de petits oasis de verdure ; au pied de quelques grands arbres poussent des palmiers épineux, les dattiers sauvages, que recouvre une folle végétation de buissons et de lianes.

Aspect général de la faune

La région forestière n'est pas favorable à l'élevage, notamment lorsque le sol y est aussi accidenté qu'au Cameroun. Sans doute, on voit dans certaines régions africaines des troupeaux prospérer en forêt, mais toujours sur une petite échelle.

Dans la zone forestière, les indigènes élèvent des moutons, des chèvres, des porcs, des poulets, des pintades, des canards. Dans les centres, des colporteurs amènent des chevaux du Nord et les bovidés destinés à la consommation.

Dans la zone des savanes, sur les plateaux comme sur les plaines à faible altitude de la Bénoué et du Logone, le bétail se conserve bien et les troupeaux y sont nombreux.

Les bovidés offrent deux groupes principaux : les bovidés zébus de grande taille, avec une bosse au garrot, et les bovidés taurins, de petite taille, aux cornes en forme de croissant.

Partout se rencontrent les ovins, les caprins et les volailles communes à toute l'Afrique.

Les chevaux sont représentés, dans le nord du Cameroun, par

Fig. 6. — Tschamba. Peuplement de baobabs

Fig. 7. — Djombé. Base d'un vieux fromager

deux variétés : l'une, dont la taille varie de 1 m. 40 à 1 m. 60, est importées du Sokoto, du Manga, et aussi du Kanem et du Darfour. Des croisements, entre les animaux de ces diverses provenances, ont donné des produits très divers comme qualité et comme taille. L'autre variété, de race autochtone, est robuste et vive, mais de très petite taille.

Les animaux sauvages sont extrêmement nombreux sur tout le territoire du Cameroun. Les éléphants errent dans les forêts du Sud-Est ; ils sont encore nombreux. Les hippopotames se rencontrent dans presque toutes les rivières, mais surtout dans l'Est et dans le Nord, où ils sont peu chassés.

Les bœufs sauvages vivent en troupeaux, et les buffles, plus farouches, seuls ou par couples. Les antilopes de toutes tailles et d'espèces les plus variées, depuis l'antilope-cheval jusqu'à la petite biche-cochon, peuplent tout le territoire, y compris la forêt, beaucoup plus giboyeuse qu'on ne le croit communément. Plusieurs variétés de sangliers se rencontrent dans les forêts et sur les savanes.

Dans le Moyen-Cameroun et dans les régions du Nord, notamment dans les vallées du Logone et du Chari, les lions sont fort nombreux ; on rencontre aussi des rhinocéros et des girafes.

Les léopards, les chats-tigres, les hyènes, les chacals sont également nombreux, sans oublier une quantité innombrable de petits fauves, dont certaines espèces sont recherchées pour leur fourrure. On peut citer les écureuils, les blaireaux, les belettes, les putois, les mangoustes.

Dans les forêts, au milieu des nombreuses variétés de singes, vivent les chimpanzés, réunis en troupes parfois considérables, et les redoutables gorilles. Les pays de plaines ne sont pas moins pourvus que la forêt ; on y rencontre, entre autres, des cynocéphales, réunis en troupes atteignant plusieurs centaines d'individus.

Les serpents pullulent partout. Les espèces les plus dangereuses sont le trigonocéphale, de la famille des vipéridés, le serpent noir ou serpent cracheur, le serpent minute, etc. Les boas, les pythons, non venimeux, vivent de préférence dans les forêts.

Parmi les oiseaux, on trouve toutes les espèces particulières à l'Afrique occidentale : les aigles, les vautours, les perroquets, les éperviers, les calaos, les touracos, les toucans, les merles métalliques, les marabouts, les foliotocoles, les aigrettes, les veuves, les innombrables colibris, les pélicans ; les grues et d'autres variétés d'échassiers fréquentent les vallées du Nord. Enfin, parmi les oiseaux dont la chair est appréciée sur les tables coloniales, nous citerons les outardes, les pintades, les perdrix, les pigeons verts, les ramiers et les tourterelles, et enfin plusieurs espèces de canards sauvages.

Les insectes sont innombrables et dignes d'attirer l'entomologiste. Les insectes nuisibles sont aussi nombreux, et les fourous, minuscules moucherons, rivalisent avec les moustiques. La « chique » s'est répandue sur tout le territoire.

Dans les rivières, vivent des caïmans, dont une espèce, noire, de petite taille, au museau court et arrondi, fournit les mangeurs d'hommes. De nombreuses espèces de poissons, depuis le brochet, le capitaine, les silures jusqu'aux barbillons.

Fig. 8. — Le Lamido et deux dignitaires

Fig. 9. — N'Gaoundéré. Un convoi dans la brousse

CHAPITRE II

HISTORIQUE

Les côtes du Cameroun furent visitées par des marins portugais dès le xve siècle. La rivière, qui débouche au fond de l'estuaire, fut connue sous le nom de rivière des crabes (rio dos Camorœs). Le nom actuel de Cameroun, donné à l'ensemble des territoires, dérive vraisemblablement du mot portugais Camorœ.

Après les Portugais, les Anglais fréquentèrent cette côte et leurs marins firent un commerce d'échanges assez actif avec les indigènes. Ils furent suivis par les marins d'autres nationalités (française, hollandaise...).

Peu à peu, la langue anglaise ou plutôt le « pidgin », en usage sur une grande partie de la côte occidentale, fut comprise par les indigènes du littoral camerounien.

Les débuts de l'occupation européenne au Cameroun sont encore peu connus. Vers 1845, un Anglais, Alfred Sakh, acheta à un chef indigène un territoire situé dans la baie d'Ambas, où il installa quelques familles. Ce fut l'origine de Victoria.

En 1868, un armateur allemand, M. Wœrmann, fonda à Douala une maison de commerce. Les explorations de Barth, en 1851, au sud du Tchad, de Nachtigal, de 1869 à 1873, sur le cours du Moyen Logone, de Flegel, de 1879 à 1885, dans le cours supérieur de la Bénoué et le plateau de l'Adamaoua, avaient fait connaître aux Allemands l'hinterland du Cameroun.

Mais l'acte politique qui a marqué les débuts de l'occupation date du 14 juillet 1884. C'est celui du commissaire allemand Nachtigal, venant à bord de la *Möwe* proclamer, dans l'estuaire du Cameroun, que l'hinterland du pays était placé sous la puissance et la protection de l'empereur Guillaume II. Nachtigal avait précédé de peu le consul anglais, envoyé lui-même pour faire valoir les droits de son pays. Du coup, la Grande-Bretagne était évincée. Les immeubles que possédaient ses nationaux, missionnaires baptistes, à Béthel et à Victoria, furent cédés à des missions baloises.

Ensuite s'écoula une longue période de plus d'un quart de siècle au cours de laquelle le pays fut parcouru par beaucoup d'explorateurs et fut le théâtre d'opérations militaires nombreuses, dirigées contre les populations hostiles de la forêt ou nécessitées par les rebellions que provoquaient parfois les exactions et les violences des premiers traitants européens.

Le docteur Zindgraff, le docteur Ziémann et le lieutenant von Stetten tentèrent d'élargir vers l'Ouest, du côté anglais, les zones d'influence de l'Allemagne. De Carnap procède de même vers le Sud. Les principales expéditions militaires sont dirigées par le colonel Pavel (1901), le capitaine Scheunemann (1904-1906) et surtout par le major Dominik, dans le Cameroun méridional. En même temps que se poursuivent la reconnaissance et la pacification du pays, de nombreux accords interviennent pour préciser les frontières. En 1885-1887 a lieu la délimitation anglo-allemande du bassin supérieur de la rivière Croix. En 1893, un traité passé entre les mêmes puissances abandonne à l'Allemagne ce qui est à l'est de Yola et la rive occidentale du Tchad. En 1894, un traité franco-allemand de compromis donne à la France une voie d'accès à la Bénoué, par le Mayo-Kebi et quatre agglomérations. La même année, les Allemands passent avec nous une convention leur donnant accès sur la Sangha, et, par conséquent, dans le bassin conventionnel du Congo. D'autres conventions anglo-allemandes sont signées en 1893 et en 1896. En 1900, la France remporte sur Rabat la victoire de Kousseri, en territoire allemand. Enfin, à la suite des missions de délimitation Cottes-Forster, entre le Gabon et le Cameroun, et Moll-Siegfried, au sujet du Tchad, la convention franco-allemande de 1908 précise les frontières.

A ce moment, le Cameroun paraissait avoir ses frontières définitives quand, en 1911, la cession que nous lui fîmes des antennes piquant sur les rives du Congo et de l'Oubangui, vint accroître la colonie allemande vers l'Est de 278.000 kilomètres carrés de nos terres congolaises.

Mais la guerre de 1914-1918 annula ce traité, que la France avait signé comme un témoignage donné au monde de ses vues pacifiques.

La conquête et l'occupation du Cameroun furent effectuées par des troupes franco-anglaises. Dès les premiers jours d'août, des colonnes parties de Bangui et de Brazzaville attaquèrent les postes allemands et envahirent le territoire, refoulant les troupes allemandes.

Un corps franco-anglais prit Douala, le 27 septembre, et poursuivit sa garnison qui se repliait le long de la voie ferrée.

Les troupes françaises du Tchad envahirent le nord du Cameroun à la fin d'août. Après quelques opérations indécises, Kousseri fut pris, puis Maroua, le 14 novembre, et enfin Garoua fut emporté avec la collaboration d'une colonne anglaise.

Les Allemands avaient fait de Yaoundé leur réduit, le poin d'appui de leur défense. Les Alliés en poursuivirent l'attaque par des efforts convergents des colonnes franco-anglaises du Nord et de Douala, des colonnes françaises de l'Oubangui-Chari, du Moyen-Congo et du Gabon.

Les opérations furent pénibles et les combats nombreux et violents, pendant l'année 1915. Les troupes alliées progressent peu à peu vers Yaoundé, menacé d'encerclement. La ville tomba au pouvoir des colonnes congolaises, le 2 janvier, mais les Allemands, échappant à l'encerclement, réussirent à atteindre la colonie espagnole du Muni.

Après la prise de Douala, un condominium franco-anglais assura l'administration du territoire occupé par les troupes. Ce condominium fut établi en fait à la suite d'une correspondance échangée entre M. Delcassé et Sir Francis Bertie, et entre ce dernier et Sir Edouard Grey (21 et 24 septembre 1915).

Pendant que les opérations militaires étaient poursuivies, les Cabinets du quai d'Orsay et de Saint-James adoptèrent la solution du partage, afin que chaque nation fut libre d'administrer selon ses méthodes et en toute liberté d'action. L'accord du 4 mars 1916 détermine la frontière de la zone d'influence des Alliés. Cet accord fut confirmé et modifié par la déclaration franco-anglaise du 10 juillet 1919.

Le territoire cédé à l'Allemagne en 1911 faisait retour à l'Afrique équatoriale qui devait provisoirement l'administrer comme territoire occupé.

L'article 125 du traité de paix signé à Versailles, le 28 juin 1919, en faisant renoncer l'Allemagne aux droits issus pour elle de la convention du 4 novembre 1911, a rendu à la France, en toute propriété, les territoires cédés.

Les territoires du Cameroun, sauf la zone d'influence anglaise, était indépendante de l'A. E. F. et relevait du département des Colonies.

Le condominium ayant pris fin, un décret du 7 avril 1916 nomma le Général commandant les forces françaises, Commissaire de la République française et chargé de l'administration des territoires occupés par ces forces.

La désorganisation du territoire causée par l'état de guerre rendit fort difficile la tâche du Commissaire de la République. Des postes avaient été incendiés, des villages étaient abandonnés par les indigènes qui avaient repris rapidement leurs anciennes habitudes de désordre, de violences et de pillages.

Le décret du 5 septembre 1916 désigna un Gouverneur civil pour remplacer le Général commandant des troupes : M. Lucien Fourneau fut nommé Commissaire de la République.

Au cours de l'année 1919, M. le Gouverneur Carde, troisième Commissaire de la République, se mit en devoir d'organiser l'administration sur des bases durables. Le Conseil suprême avait, en mai 1919, confirmé la France dans son rôle d'administration de l'ancienne colonie allemande, et le Traité de Versailles avait proclamé la déchéance de l'Allemagne vis-à-vis de ses possessions d'outre-mer.

Le Cameroun reçut son autonomie politique et financière par le décret du 23 mars 1921, qui précisa les pouvoirs du Commissaire de la République.

Par ce texte, le Commissaire de la République, dont la résidence est fixée à Yaoundé, est le dépositaire des pouvoirs de la République. Tous les services relèvent de son autorité. En matière militaire, il commande la milice locale, qui compose avec la garde indigène la seule force armée du Territoire. Il est l'ordonnateur du budget du Cameroun et des budgets annexes. Il peut être appelé à siéger à son rang de préséance parmi les Gouverneurs, au Conseil du Gouvernement de l'Afrique Equatoriale française, pour participer aux délibérations sur les affaires d'intérêt général ayant pour objet d'assurer la liaison politique et économique entre les deux territoires.

Enfin, dans sa séance du 20 juillet 1922, le Conseil de la Société des Nations a confirmé, à Londres, le mandat de la France sur le Cameroun.

Cet acte important déclare que le mandataire sera responsable de la paix, du bon ordre et de la bonne administration du territoire, qu'il accroîtra, par tous les moyens en son pouvoir, le bien-être matériel et moral, et favorisera le progrès social des habitants.

Le mandataire devra interdire tout travail forcé ou obligatoire, sauf pour les travaux et services publics essentiels et sous conditions d'une équitable rémunération.

Il devra protéger les indigènes contre la fraude et la contraint par une surveillance des contrats de travail et du recrutemen des travailleurs.

La puissance mandataire s'engage à pratiquer à l'égard de tous les ressortissants des Etats membres de la Société des Nations, et dans les mêmes conditions qu'à l'égard de ses propres ressortissants, la liberté de transit et de navigation et une complète égalité économique, commerciale et industrielle.

La puissance mandataire aura pleins pouvoirs d'administration et de législation sur les contrées faisant l'objet du mandat : ces contrées seront administrées selon la législation de la puissance mandataire, comme partie intégrante de son territoire.

CHAPITRE III

GEOGRAPHIE HUMAINE

1° Population indigène. — 2° Population européenne
3° Villes et agglomérations

1° Population indigène

La population du Cameroun français s'élève à environ 2 millions d'habitants.

La densité de la population est par conséquent un peu inférieure à 5 au kilomètre carré. Elle est faible si on la compare à celle de la France, qui n'est cependant que de 75 ; mais elle est convenable si on la compare à celle du continent africain, qui est un peu supérieure à 2 ; à celle du Soudan, qui est un peu plus de 3, et à celle, enfin, de l'Afrique Equatoriale Française, qui est d'environ un habitant au kilomètre carré.

La densité est variable suivant les régions du Cameroun. D'un peu plus de 4 dans la forêt, elle tombe au-dessous de 3 dans la région Banyo-Tibati ; elle est de 8 dans les hauts massifs, pour atteindre jusqu'à 11, 18 et 20 dans les régions du Logone et de Maroua.

La classification des noirs de l'Afrique en deux grandes familles principales : les Bantous et les Soudanais, est généralement admise. Nous la maintenons, sans méconnaître son manque de précision scientifique.

Les Bantous ont une origine fort discutée. Ils offrent les caractères ethniques les plus variés, dus probablement aux mélanges avec les Négrilles ou avec des peuplades de la race dite soudanaise. On s'accorde à leur donner pour habitat l'Afrique du Sud jusqu'à l'Equateur et au delà, vers la côte Ouest.

Au Cameroun, les peuples Bantous habitent la zone des forêts jusqu'aux abords des hauts plateaux. Ils sont représentés par des

Fig. 10. — Une femme Tékélé-Massa avec ses lèvres mutilées

Fig. 11. — Type de Pahouin

peuplades intelligentes et vigoureuses, tels les Yaoundés et les Bakokos ; mais aussi par les peuplades les plus arriérées et les plus sauvages, comme les Mabéas, les Goumbas, etc.

Les noirs dits Soudanais peuplent toute l'Afrique au nord de l'Equateur. Dans les régions de l'Afrique occidentale, ils seraient fortement mélangés avec les peuples de race Bantou et avec les Négrilles ; dans le Nord, ils offrent également des traces de métissage avec les Foulbés et avec les autochtones de race méditerranéenne.

Ils vivent au Cameroun sur les hauts massifs de l'Ouest, sur le plateau central et les montagnes du Nord. Ce sont des cultivateurs, assez dociles et travailleurs. Ils ont été refoulés ou assujettis par les Foulbés ; mais les Kirdis ont su conserver leur complète indépendance envers ces conquérants.

Les Foulbés sont établis au Cameroun central et septentrional. Ils sont venus du Sokoto et plus anciennement du Fouta sénégalais. Il est à peu près prouvé que les Foulbés sont de race blanche, venus sans doute d'Egypte. Apparus vers le IVe siècle dans la région de Tombouctou, ils ont essaimé dans l'Afrique centrale et surtout dans l'Afrique occidentale. Dans tous les pays qu'ils ont habité, ils se sont mélangés avec la race noire et le métissage est devenu infiniment plus profond pour ceux qui ont abandonné la vie nomade des pasteurs.

Les Choas, ou Arabes du Tchad, s'adonnent à l'élevage ; ils peuplent le nord du territoire. Ce sont des noirs métissés de sang arabe.

Les Négrilles sont considérés comme les autochtones de l'Afrique, qu'ils peuplaient sans doute avant l'arrivée des noirs dits Bantous. Ce ne sont pas des « pygmées » mais des nègres de petite taille, à peau assez claire. Ils vivent dans les forêts, sans construire de villages, sans cultiver le sol. Habiles chasseurs, ils échangent de la viande fumée contre les produits qu'ils désirent. Ils sont en voie de disparition. On les trouve dans le voisinage du Gabon et de la Sangha.

Les Haoussas, commerçants ambulants, originaires de Sokoto, se rencontrent sur toute l'étendue du territoire, du Tchad à Douala.

La région de Douala, divisée en trois circonscriptions — Douala, Mbanga et Yabassi, — est habitée par des peuplades diverses, au nombre d'une douzaine, appartenant à la famille Bantou.

Les Bassas semblent les plus anciennement établis ; refoulés par leurs voisins dans les pays sans activité économique, de faible natalité, ils sont en voie de décroissance.

Les Banens, établis au nord de Yabassi, sur les confins de la forêt, ont plus de vitalité.

Des îlots de Bakokos, sans doute immigrés, se rencontrent sur le Wouri et la Dibamba.

Dans l'arrière-pays de Yabassi, on trouve encore, en dehors des Banens et des Bassas, des Bandems, des M'bangs et des Diboums. Dans une parcelle de savane, à la limite nord de la circonscription, habitent les Batongtous. Dans la région des rivières, se rencontrent les Bodimans, les Wouris, les Pongos et les Abos; ces populations, converties au christianisme, ont perdu toute originalité et se confondent avec les Doualas.

Ces derniers, établis des deux côtés de la rivière Cameroun, ont acquis une influence considérable. Etrangers au pays, on prétend qu'ils y sont arrivés par mer. Ils sont intelligents, assez actifs, mais en général aussi peu honnêtes que véridiques. Jusqu'à l'occupation allemande, ils avaient conservé le monopole des relations avec les commerçants européens qui, n'ayant jusqu'alors aucun établissement à terre, traitaient de leurs bateaux.

La circonscription de Dschang est habitée au Nord par les Bamouns, au centre par les Bamillékés, au Sud par des nombreuses tribus, dont les plus importantes sont : les Mbos, les Barékos et les Bakakas. Les Bamoums vivent sous l'autorité du Sultan de Foumbam ; cette ville est le seul groupement important, avec 15.000 habitants.

Les Bamillékés se répartissent en plusieurs chefferies. Les peuplades du Sud sont disséminées en villages indépendants. La même progression se rencontre dans l'autorité des chefs qui, incontestée dans le Nord, et encore forte dans le centre, tend à se réduire de plus en plus dans la zone sud.

Les habitants de la *circonscription d'Edéa* sont divisés en dix peuplades de race Bantou. Une grande partie de ces peuplades appartient au groupe Bakoko.

La circonscription de Kribi présente, elle aussi, un assez grand mélange de peuples : les Mfangs ou Pahouins, les Mabéas, les Essengs, les Batangas, les Bakokos, les Yaoundés-Evonzeks, les Yarros. Ils habitent en forêt, car il n'y a pas d'autres clairières que les abatis faits pour les villages et les plantations. Auprès d'eux, on rencontre les Bagniélés, Négrilles non recensés.

Fig. 12. — Jeunes femmes Kotoko

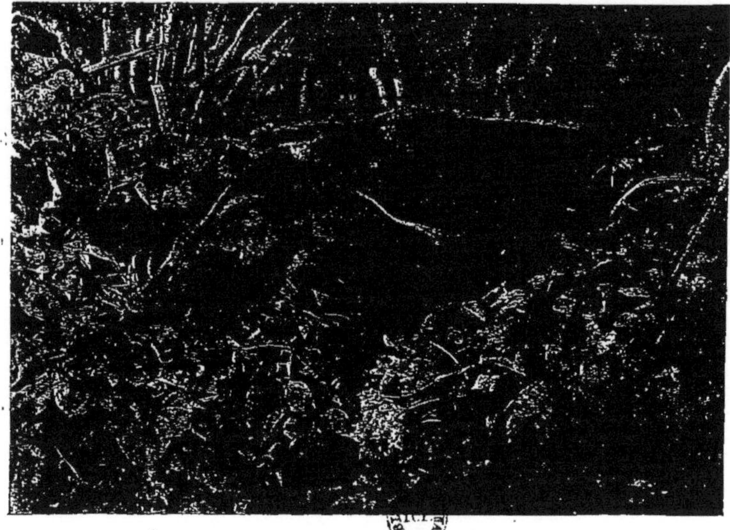

Fig. 13. — Caméroun Kaké. Un phacochère

La population de la *circonscription d'Ebolowa* présente une population plus homogène appartenant à peu près entièrement à la famille M'fang: elle comprend les tribus suivantes: les Boulous, les Fongs, les Ntoumous, les Banès, les Mwaés et les Zamanés.

La circonscription de Yaoundé renferme la peuplade de ce nom; de race Bantou, apparentée aux Mfangs, elle est vigoureuse et intelligente. Elle occupe toute la région du Sud. Viennent ensuite, en allant vers le Nord, les Tikars, les Baboutés, etc., qui semblent appartenir à la race « soudanaise ». Enfin, une peuplade qui se prétend autochtone et est en tous cas fortement apparentée avec les Kirdis du Nord; elle forme deux tribus: les Bafias et les Bapés.

Les deux circonscriptions du Sud-Est. — Cette vaste région, qui comprend les circonscriptions de Doumé et de Lomié, est habitée par de nombreuses peuplades, de la race dite Bantou: les Kakas, de la région de Doumé; les Dzems, de la boucle du Dja; les Dzimous, de l'est de Lomié; les Mfangs ou Pahouins, etc., etc., et disséminés un peu partout; dans le Sud, les Négrilles.

La circonscription de Ngaoundéré est habitée par les Mbum, les Tikars, et au Sud les Bayas. Ces peuples sont rattachés à la race soudanaise.

Les Foulbés ont occupé le pays en conquérants. Ils sont peu nombreux, si on ne considère que les métis de sang peul. Mais autour d'eux vivent de nombreux esclaves, de clients, qui pullulent autour des Sultans et des chefs et se font passer pour Foulbés.

Dans la *circonscription de Garoua,* l'élément dominant est actuellement le peuple peul, métissé comme partout ailleurs. La population noire est représentée par quelques peuplades de race dite Soudanaise: nous citerons les Battas, de la vallée de la Bénoué; les Follis, sur les plateaux du Manffara; les Mboums et les Dourous, dans la Boubandjida; les Namschis, les Moudangs et les Lakkas, dans la Bibémi; les Kotapos, sur l'Alantica.

Le reste de la population comprend les Haoussas, des Arabes et des Bornouans.

La circonscription de Maroua est habitée par toute une macédoine de peuples.

Les Kotokos, islamisés; les Mousgous des rives du Logone,

grands et robustes; les Choas, sur la rive gauche du Chari, éleveurs et agriculteurs. Ils sont d'origine arabe, mais fortement métissés, de teint presque noir, intelligents, rusés et fourbes.

Les Bornouans, industrieux, âpres au gain. Bons cultivateurs, excellents éleveurs; leurs chevaux sont renommés. Ils excellent également dans les industries locales et le commerce.

Les Mandaras, islamisés en partie. Les Payens habitent des villages situés au sommet des montagnes ou accrochés à leurs flancs; ils sont énergiques et travailleurs. Les musulmans ont perdu leurs meilleures qualités et ils sont devenus orgueilleux et paresseux.

Les Foulbés occupent le Diamaré et le pays de Garoua, où ils constituent le peuple dominant. Les uns sont en partie sédentaires, les autres sont exclusivement nomades. Les Bororos, les derniers venus des Foulbés, sont de merveilleux pasteurs. Moins métissés que leurs devanciers, ils ont conservé le teint clair, le nez aquilin, les lèvres minces et la taille élancée, qui sont les caractéristiques de la race.

2° Population européenne

En 1913, la population européenne du Cameroun atteignait le chiffre de 1.871 habitants.

Elle se décomposait en : 1.560 hommes, 230 femmes, 81 enfants.

Sur ce nombre, il y avait 1.525 Allemands (1.388 hommes, 177 femmes et 60 enfants).

Parmi les hommes, on relevait les catégories suivantes :

Fonctionnaires, 338; militaires, 122; missionnaires, 107; planteurs, 172; ouvriers, techniciens, 72; commerçants, 505; professions diverses, 72.

En 1926, on compte au Cameroun 1.570 Européens, parmi lesquels les colons ou commerçants forment la majorité.

Il convient de remarquer que le Cameroun français est notablement moins vaste que l'ancienne colonie allemande, dont l'étendue était d'environ 795.000 kilomètres carrés; or, le territoire cédé en 1911 et rendu à la France par le Traité de Versailles et la bande de territoire confiée sous mandat à l'Angleterre ramènent la superficie du Cameroun sous mandat français à 425.000 kilomètres carrés environ.

3° Villes et agglomérations

Douala. — Douala est, par son port, son commerce, comme par sa population, la ville la plus importante du Cameroun.

Elle bénéficie de sa situation géographique remarquable, dans une baie d'accès facile dont l'aménagement pratique pour les navires de tout tonnage est en cours d'exécution. Avec Bonabéri, situé sur la rive opposée, la ville forme une agglomération importante qui s'accroît rapidement, du fait qu'elle est la tête de ligne de deux voies ferrées : le chemin de fer du Centre et le chemin de fer du Nord. En outre, plusieurs rivières, dont le cours inférieur est navigable, appartiennent au bassin du Cameroun ; elle permettent de drainer vers Douala les produits du sol. De nombreuses criques, pénétrant assez profondément dans toutes les directions, multiplient encore les moyens de communications. Enfin, la région de Douala est une des plus peuplées du territoire.

La population de Douala, qui augmente tous les jours, est environ de 800 Européens et 25.000 indigènes.

La ville, située sur la rive gauche, occupe un vaste plateau sablonneux, en bordure du fleuve. Ce plateau est coupé en trois tranches par deux ruisseaux. Sur ces tranches, d'inégale étendue, s'étendent les trois principaux quartiers de la ville : Bell, près du port, habité exclusivement par les Européens ; Akoua vient ensuite, où Européens et indigènes sont mélangés, ainsi que dans le quartier qui succède : Deïdo. Plus loin du fleuve, séparés des trois principaux quartiers par une zone libre, se trouvent les quartiers de New-Bell, New-Akoua et New-Deïdo.

La ville est parfaitement tracée, traversée de nombreuses rues et de longues et larges avenues ombragées. De nombreuses maisons en pierre ou en ciment se dressent sur plus de 4 kilomètres. Ces maisons, qui ne sont pas toutes construites d'une manière pratique et agréable, appartiennent soit à des Européens, soit à des indigènes qui les louent.

Le Commissaire de la République habite l'hôtel de l'ancien Résident allemand. Attenant à cette résidence, un parc fort beau orné de nombreux monuments commémoratifs. Ici, un lion de bronze sur un socle, élevé à la mémoire du comte de Gravenreuth ; là, un obélisque de marbre en souvenir de l'explorateur Nachtigal ; plus loin, un monument à Wolgast et Schulz ; plus loin, d'autres encore.

Une grande partie des services administratifs réside à Douala.

Le Commandant de la Circonscription, le Service judiciaire, les Chemins de fer, les Douanes, les Postes et Télégraphes, les Travaux publics, la Recette de l'enregistrement et des domaines, etc.

La plupart des maisons de commerce du Cameroun ont une installation à Douala. Il y a quatre agences de banques et cinq agences de compagnies de navigation.

Le commerce indigène est entre les mains des Doualas, des Popos, des Lagotiens, des Dahoméens et des Haoussas. Mais tandis que les premiers sont traitants pour le compte des maisons de commerce, les autres sont boutiquiers, à l'exception des Haoussas, qui sont marchands ambulants.

Douala exporte surtout des palmistes, de l'huile de palme, du cacao, des bois, et importe des tissus, du tabac, du sel et des articles manufacturés.

Edéa. — Edéa, au kilomètre 80 du chemin de fer du Centre, est une agglomération d'environ 500 habitants où, le long d'une large avenue ombragée d'amandiers de Malabar et de palmiers, sont alignés de nombreux comptoirs commerciaux. Du poste administratif où réside l'Administrateur, situé à environ 1.500 mètres du village commercial, sur un terrain élevé, on a devant soi la vue magnifique des chutes voisines sur la Sanaga, qui se divise en deux bras contournant une île dans laquelle les anciens occupants avaient tenté diverses cultures.

Edéa possède un marché où sont vendus les produits du pays, ainsi que les marchandises importées. Ce petit centre est bien desservi au point de vue des voies de communication car, en dehors du chemin de fer et de la Sanaga, une route large de plus de 4 mètres avec chaussée le relie à Yaoundé ; une autre rejoint Kribi et une troisième Eséka ; mais ces routes ne sont pas régulièrement praticables pour les automobiles, du moins à l'heure actuelle.

Kribi. — Le port de Kribi était autrefois, comme importance, le premier de la colonie. En 1912, il était encore le second port, après Douala et bien avant Victoria. Il figurait aux statistiques avec 12.080.000 francs aux importations et 12.700.000 francs aux exportations. Mais la crise du caoutchouc, la construction de la voie ferrée du Centre ont beaucoup nui à cette escale au profit de Douala.

L'aspect de Kribi est agréable, les rues sont larges et bien tracées. Il est divisé en deux parties par la rivière Kienké : le village européen sur la rive droite, le village indigène de l'autre côté.

Malheureusement, toute animation a disparu et nombre de bâtiments sont inhabités. On assiste toutefois à une petite reprise et Kribi regagne peu à peu un intérêt local.

Eséka. — Centre commercial, situé sur le chemin de fer du Centre, à 160 kilomètres de Douala. C'est là qu'aboutissait provisoirement la ligne construite par les Allemands.

De nombreuses maisons ont été édifiées depuis la guerre suivant un plan de lotissement conçu et exécuté par l'administration française. Eséka a peu à peu accaparé tout le commerce de la région ; une route accessible aux automobiles relie ce poste à Lolodorf, et par là à Kribi et Ebolowa. L'aspect de la ville, qui se trouve malheureusement un peu trop encaissée, est agréable à l'œil, et une cinquantaine d'Européens habitent tout le quartier neuf qui avoisine la gare.

Nkongsamba. — Terminus du chemin de fer du Nord, situé à plus de 700 mètres au-dessus du niveau de la mer, dans une région montagneuse et particulièrement hospitalière à l'Européen. Nkongsamba a été loti de telle manière que l'on y distingue deux quartiers bien nets : l'un indigène, l'autre européen. Le commerce du palmiste, alimenté par le trafic même du marché et par les achats effectués dans les centres environnants : Bare, Bafang, Melong, va toujours croissant.

Nkongsamba comptera bientôt 100 habitants européens. Son activité, sans cesse renouvelée, en fera une des villes les plus importantes du Cameroun, la plus importante sans doute après Douala et Yaoundé.

Mbanga. — Une dizaine d'Européens habitent ce poste qui est moins intéressant par soi-même que par la région dont il est le centre et qui est sans contredit, du fait de la culture du cacao et de l'exploitation forestière, la portion du Cameroun dont la mise en valeur a été le plus énergiquement poussée.

Mbanga, situé au kilomètre 66 du chemin de fer du Nord, jouit d'un climat humide et chaud.

Yaoundé. — Yaoundé est devenue la capitale administrative du Cameroun depuis le décret du 23 mars 1921. Le Commissaire de la République s'y trouve installé avec ses services. L'Administrateur de la circonscription y réside également.

La ville, construite au sommet d'un mamelon, déborde sur les plateaux avoisinants. La vue s'étend sur un pays accidenté, mi-boisé, mi-herbeux, d'aspect pittoresque.

Yaoundé compte environ 250 habitants européens. Le commerce s'y développe rapidement et l'arrivée récente du chemin de fer a donné à ce centre une impulsion définitive.

De Yaoundé, partent deux routes automobiles principales :

1° Route de Yaoundé à Kribi (186 kilomètres) dont un premier embranchement se détache à N'Goumou (kilomètre 52), vers Makak et un second, long de 8 kilomètres, d'Olama (kilomètre 72) vers Onana-Bessa, point terminus de la navigation sur le Nyong. Enfin, un troisième embranchement part de Lolodorf vers Ebolowa.

2° Route de Yaoundé à Yoko (256 kilomètres) avec deux embranchements : le premier sur Nanga-Eboko, avec prolongement en cours d'exécution vers Bangui par Batouri, le second sur Bafia et Dschang, le tronçon Bafia-Dschang étant toutefois difficilement praticable.

Par sa situation géographique, par son climat agréable et sain, dû à l'altitude, par les ressources considérables du pays, par la densité de la population, Yaoundé est appelée à devenir un centre commercial fort important.

Garoua. — Garoua, village moyen, sur les bords de la Bénoué, a acquis une importance plus considérable après l'établissement d'un poste allemand.

Il existe actuellement plusieurs maisons de commerce, notamment la Niger Company, qui effectue le transport par la Bénoué et le Niger, sur vapeurs fluviaux.

Le trafic est assez limité par suite de ce monopole. Cependant, les possibilités en coton de la région nord permettront un jour le développement de Garoua et justifient le lotissement qui vient d'en être effectué.

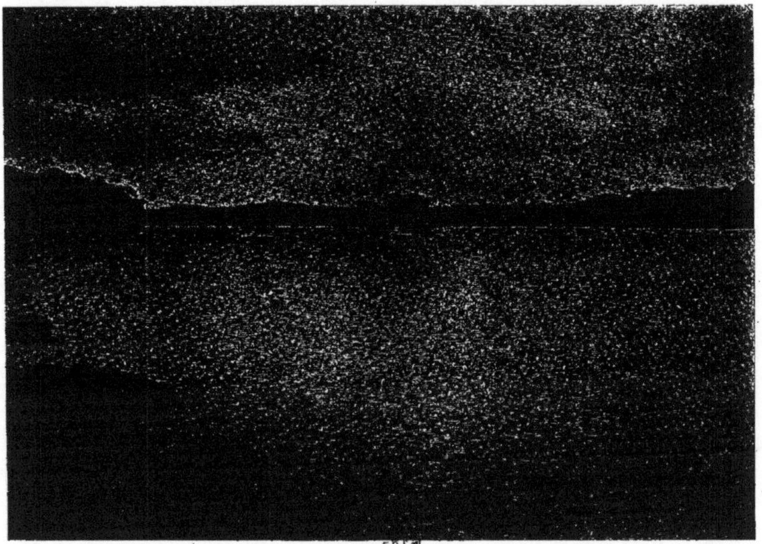

Fig. 14. — Bac sur la Sanaga

CHAPITRE IV

COMMENT ON SE REND AU CAMEROUN

Lignes de navigation. — Prix des passages et des frets
Service côtier. — Cabotage. — Régime des armes et munitions

Lignes de navigation
Prix des passages et des frets

Le transport des passagers et des marchandises est assuré, entre la France et les territoires du Cameroun, par cinq Compagnies françaises et par quatre Compagnies étrangères.

COMPAGNIES FRANÇAISES

1° *Compagnie des Chargeurs-Réunis*, 3, boulevard Malesherbes, Paris. — Agences à Dunkerque, place Alfred-Petyt ; au Havre, 99, boulevard de Strasbourg ; à Bordeaux, 1, allées des Chartres ; à Marseille, 28, rue Grigana ; à Douala.

Cette Compagnie prend des passagers pour le Cameroun. Ses paquebots quittent Bordeaux tous les quatorze jours.

Le prix des passages de Bordeaux à Douala sont les suivants :

1re classe	4.670 fr.
2e classe	3.760 —
3e classe	2.055 —
Entrepont	1.025 —

Ces prix sont à majorer d'une surtaxe dont le montant est modifié deux fois par mois. En novembre 1926, le montant de cette surtaxe était de 33,42%.

Des cabines de luxe et de demi-luxe existent sur les vapeurs de la Compagnie. Les suppléments varient selon les vapeurs.

Les enfants de 12 ans et au-dessus payent place entière.

Les enfants de 4 ans à 12 ans payent demi-place.

Les enfants de 1 an à 4 ans payent quart de place.

Au-dessous d'un an, un seul enfant est transporté gratuitement, les autres paient quart de place.

Franchise de bagages : 1re et 2e classe, 200 kilos, ne dépassant pas 750 décimètres cubes ; 3e classe, 100 kilos, ne dépassant pas 300 décimètres cubes.

Bicyclettes, motocyclettes non démontées et emballées : jusqu'à 500 décimètres cubes : 100 francs ; de 500 à 750 décimètres cubes : 200 francs.

Chiens : gros chiens, 6% du prix d'un passage de 1re classe ; petits, 3%.

Singes, chimpanzés, cynocéphales et autres : gros, 300 francs ; petits, 100 francs.

Chaises de pont : pouvant être louées à bord des vapeurs, prix de location, 25 francs chacune.

La durée des traversées est la suivante entre les ports de Bordeaux à Douala :

Bordeaux	Dakar	Conakry	Tabou	Bassam	Lomé	Cotonou	Douala
Bordeaux	8 jours	12 j.	14 j.	15 j.	16 j.	17 j.	19 j.
	Dakar	2 j.	4 j.	5 j.	6 j.	7 j.	9 j.
		Conakry	2 j.	3 j.	4 j.	5 j.	7 j.
			Tabou	1 j.	2 j.	3 j.	5 j.
				Bassam	1 j.	2 j.	4 j.
					Lomé	1 j.	3 j.
						Cotonou	2 j.

Le tableau ci-dessous donne les distances de port à port ; elles sont indiquées en milles de 1.852 mètres :

Bordeaux	Dakar	Conakry	Monrovia	Tabou	Bassam	Lomé	Cotonou	Douala
	2.236	2.311	2.573	2.896	3.080	3.373	3.437	3.922
	Dakar	425	684	932	1.159	1.486	1.550	1.735
		Conakry	295	584	752	1.074	1.138	1.523
			Monrovia	255	743	802	866	1.348
				Tabou	227	564	628	1.113
					Bassam	337	390	726
						Lomé	64	389
							Cotonou	485

SERVICES DE LA COTE OCCIDENTALE D'AFRIQUE

CHARGEURS RÉUNIS — SOCIÉTÉ NAVALE DE L'OUEST — COMPAGNIE VENTURE-WEIR)

Tarif des Frets applicables aux marchandises embarquées sur vapeurs de charge au départ de **DUNKERQUE**, **LE HAVRE** et **BORDEAUX** depuis bord jusqu'à **destination sous palan**, payables d'avance (Modifiable sans préavis).

Il est perçu, en plus, un primage de 10 %, ristournable aux conditions de la Circulaire du 1er Février 1926. — L'embarquement, le débarquement depuis sous palan et le gabarage sont à la charge de la marchandise.

MARCHANDISES LICITES NON DANGEREUSES NE DÉPASSANT PAS 1.500 kg. POIDS UNITAIRE	PAR TONNEAU de 1 mètre cube ou 1.000 kgs (sauf indications contraires) au choix du navire							
	Ténériffe Las Palmas	Port-Etienne Dakar	Conakry	Gd-Bassam Lomé Cotonou	Sassandra Gd-Lahou Assinie	Seccondee Accra Lagos (1)	Monrovia Douala Libreville Port-Gentil	Sette-Cama Nayumba Pointe-Noire
	Sh.	Fr.	Fr.	Fr.	Fr.	Sh.	Fr.	Fr.
Minimum de fret	10/	50	80	90	110	15/-	110	120
MARCHANDISES HORS CATÉGORIE								
Chaux*. — Ciments*	14/	115	125	140	150	25/-	160	190
Briques*. — Charbon en roche et agglomérés*. — Coke. — Douves. — Fûts démontés. — Plâtre*. — Sel*. — Tuiles*. — Voie Decauville montée	15/	120	130	150	160	27/-6	180	210
Riz*. — Sacs vides	20/	140	160	190	210	30/-	220	250
1re *Catégorie*								
Aciers et Fers plats ou en barres. — Bière. — Bois brut et travaillé. — Boulons. — Carreaux. — Clouterie. — Ecrous. — Engrais. — Feutre pour toitures. — Farine. — Fibro-ciment. fer. — Outils de terrassement. — Poterie. — Savon. — Tabac en feuilles. — Tôle ondulée. — Tuyaux fer, fonte. — Vins en fûts*. — Visserie	22/	170	190	220	240	35/	250	280
2e *Catégorie*								
Alcool de traite. — Allumettes. — Armes à feu. — Articles de ménage. — Automobiles (jusqu'à 2.000 kg.). — Beurre. — Biscuits. — Bougies. — Conserves. — Cordages. — Désinfectants. — Eaux minérales. — Feutres. — Fonte ouvrée. — Friperie. — Fromages. — Genièvre. — Huiles. — Lampisterie. — min de fer. — Meubles. — Objets émaillés. — Outils. — Peinture. — Pipes en terre. — Quincaillerie. — Rhum. — Sucre. — Tabac manufacturé. — Verrerie. — Vivres. — Vins de table en caisses	25/	200	200	250	270	45/-	280	310
3e *Catégorie*								
Bâches. — Bicyclettes. — Cigares. — Cigarettes. — Effets confectionnés. — Filets et articles de pêche. — Instruments de musique. — Jouets. — Lainages. — Liqueurs. — Machines à coudre. — Malles. — Mercerie. — Miroirs. — Parfumerie. — Produits chimiques et pharmaceutiques (non dangereux). — Spiritueux. — Tissus coton. — Toiles à voiles et goudronnées. — Apéritifs et champagnes. Et toutes autres marchandises licites non dangereuses, non dénommées au présent tarif	30/	230	250	280	300	50/-	310	340
MARCHANDISES DANGEREUSES								
1° Dynamite, poudre de traite, détonateurs et mèches, munitions de sûreté	60/-	600	620	650	660	90/	680	700
2° Acides, carbure de calcium et tous produits chimiques ou pharmaceutiques dangereux dont le chargement ne sera opéré qu'après accord préalable avec la Compagnie	60/-	600	620	650	660	90/	68[illegible]	700
3° Pétrole, essence	50/-	470	490	520	530	75/	550	570
Minimum de perception pour les marchandises dangereuses	20/-	110	130	140	150	20/	160	170
Espèces. — Matières précieuses et marchandises allant à la valeur	pour toutes destinations 2,30%							
ANIMAUX VIVANTS								
Chevaux … par tête Anes … — Mulets … —	100/-	750	900	1.450	1.800	260/	2.000	2.300
Petits animaux : moutons, porcs, volaille, en cages ou caisses à claire-voie (le mètre cube)	50/-	180	220	270	290	42/	320	370
(Ces prix s'entendent nourriture non comprise, le bord ne fournissant que l'eau d'abreuvoir). Les constructions des parcs ou boxes sont aux frais de l'expéditeur.								
COLIS LOURDS								
Colis de : 1.501 à 3.000 kg.	30/-	230	270	300	330	45/-	360	410
— 3.001 à 5.000 —	32/-	240	280	320	350	48/-	380	430
— 5.000 à 8.000 —	35-/	260	300	350	380	51/-	410	460
Au-dessus de 10.000 kg.	à débattre							
EMBARCATIONS								
Embarcations, chalands et remorqueurs								
A. — D'un poids inférieur à 3.000 kg. et cubant moins de 30mk (au poids) (Minimum de perception : 1 tonne)	90/-	800	850	1.200	1.200	170/	1.250	1.300
B. — D'un poids supérieur à 3.000 kg. ou cubant plus de 30mk et d'un volume égalant 5 fois le poids	18/-	160	170	230	230	32/	240	250
— 7 —	14/-	130	140	200	200	30/	210	220
— 9 —	12/-	110	120	160	160	24/	170	180
— 10 —	10/-	90	100	140	140	18/	150	160

(Les volumes intermédiaires seront taxés sur la base immédiatement supérieure.)

Tous frais d'embarquement, de saisnie, d'accorage et de débarquement en sus.

NOTE. — La Compagnie des Chargeurs Réunis, la Société Navale de l'Ouest, la Compagnie Venture-Weir (S. A.), ont l'honneur de remettre à MM. les Chargeurs leur nouveau tarif de fret n° 25, au départ des ports français et à destination de la Côte Occidentale d'Afrique. Les prix indiqués à ce tarif seront soumis à un terme correctif qui variera tous les quinze jours et restera en vigueur pendant une période de quinze jours.

Le terme correctif sera applicable au primage de 10%.

Ces nouvelles dispositions sont entrées en application à la date du 1er octobre 1926 et le terme correctif applicable aux marchandises remises entre le 1er et le 15 octobre (ces deux dates incluses) a été une surtaxe de 15%.

(*) Marchandises aux 1.000 kilos.

(1) Les droits de port incombant aux marchandises destinées à Lagos seront perçus à destination.

La Compagnie des Chargeurs-Réunis assure, en outre, le chargement des marchandises entre Hambourg, Anvers, Bordeaux et la côte occidentale d'Afrique par cargo bi-mensuels. Nous donnerons, plus loin, le tarif des frets.

2° La *Compagnie Fabre* et la *Compagnie Fraissinet*, de Marseille. — Cette Compagnie effectue le transport des passagers et des marchandises sur trois paquebots mixtes qui partent de Marseille toutes les trois semaines environ et accomplissent leur voyage en vingt-cinq jours de moyenne.

3° La *Société navale de l'Ouest*, direction générale 8, rue Auber, Paris, ne transporte que les marchandises. D'accord avec les Compagnie des Chargeurs-Réunis et avec la Compagnie Venture-Weir, elle a adopté le tarif de frets que nous publions plus loin. Elle assure un départ par mois, d'Anvers par Dunkerque, Le Havre, Bordeaux et la côte occidentale d'Afrique, jusqu'à Pointe-Noire.

4° *Compagnie Venture-Weir*. — Transport des marchandises. Six cargos effectuent le service de la côte occidentale d'Afrique.

COMPAGNIES ÉTRANGÈRES

Quelques Compagnies de navigation étrangères fréquentent le port de Douala.

1° La Compagnie de navigation « Elder Dempster Lines », Colonial house, Liverpool, et 4, Street Mary AXC, London, E. C. 3., assure un service régulier de voyageurs et de marchandises entre Liverpool et Douala.

Elle effectue également un service de marchandises de Londres, de Hambourg, de Rotterdam et d'Anvers à Douala.

Enfin, des cargos de cette Compagnie assurent trimestriellement les communications entre New-York et Douala.

2° La Compagnie hollandaise la « Holland West Africa Lyn »; la Compagnie américaine, la « Bull Line », ont organisé des services mensuels réguliers.

3° La Compagnie italienne de Navigazione Liberia Triestina.

4° La Compagnie allemande Wœrmann.

Enfin, une Compagnie espagnole effectue, entre Barcelone, Cadix et Fernando-Po, un service régulier assez rapide. De Fernando-Po, un vapeur côtier transporte les voyageurs à Douala.

On peut encore ajouter à cette liste les cargos mensuels d'une Compagnie danoise, la « Kroh Line », et quelques vapeurs appartenant à des entreprises privées, par exemple ceux de John Holt & C°.

Service côtier. — Cabotage

SERVICES DU PORT ET DE LA BAIE

Le service du port et de la baie est assuré par des vapeurs de l'Administration.

Deux vapeurs, le *Haoussa* et le *Fullah*, assurent le service de la baie. Les paquebots postaux des Chargeurs-Réunis, par suite des obligations de leur horaire, ne remontent pas jusqu'à Douala. Ils jettent l'ancre à l'entrée de la baie, en face de Swallaba, à environ 30 kilomètres de Douala. Le transbordement se fait là, en eau calme, avec facilité, car le petit vapeur accoste le paquebot.

De Swallaba à Douala, le trajet s'effectue en deux heures et demie environ.

Le prix du passage est de 10 francs par personne. Pour les marchandises, le prix est de 15 francs par tonne.

Ces vapeurs peuvent être loués ou affrétés : dans l'intérieur du port, au prix de 900 francs par vingt-quatre heures (de minuit à minuit), plus le combustible et l'huile, plus 60 francs par heure de travail de nuit.

Des chaloupes à vapeur ou à essence peuvent également être louées : 300 francs par vingt-quatre heures, plus le combustible et l'huile.

Des chalands de 25 tonnes sont loués au prix de 75 francs par jour indivisible de vingt-quatre heures.

Usage des grues à mains :

Main-d'œuvre fournie par l'employeur...	2 fr. » par tonne 0 fr. 50 par animal
Main-d'œuvre fournie par le port	3 fr. » par tonne 0 fr. 75 par animal

Entre Douala et Bonabéri, le service est assuré par des chaloupes qui effectuent quatre voyages, dans chaque sens, tous les jours, aux tarifs suivants :

Voyageurs	....	1 fr. »
Bagages ou colis accompagnés.	Petis colis jusqu'à 10 kg.........	0 fr. 20
	Colis de 10 à 25 kg.	0 fr. 60
	Gros colis de 25 à 50 kg.........	1 fr. »
Petits animaux : chiens, singes, cabris	....	1 fr. »

FORMALITÉS A REMPLIR

Toute personne française ou étrangère se rendant au Cameroun doit être munie d'un passeport qui est visé à l'arrivée par l'administration locale. Elle doit, en outre, faire une déclaration de résidence dès le débarquement et verser au Trésor un cautionnement égal au montant des frais de rapatriement.

Les Français, astreints aux obligations militaires, se présenteront également au bureau des forces de police qui enregistrera leur changement de domicile.

Douala possède deux hôtels-restaurants ; il existe, en outre, un troisième restaurant.

Régime des armes et munitions

Un décret du 10 septembre 1920 a réglementé l'importation, la cession, le transport et la détention des armes à feu et des munitions au Cameroun.

Tout nouvel arrivant doit faire, en douane, une déclaration détaillée des armes et munitions qu'il veut introduire.

Il ne peut les sortir de la douane qu'après avoir sollicité et obtenu l'autorisation du Commissaire de la République, par l'intermédiaire de son délégué, à Douala, ou de l'administrateur, dans un autre port.

Lors de son embarquement au départ, il doit présenter à la douane soit l'arme introduite, soit l'autorisation de cession obtenue en cours de séjour.

Les armes perfectionnées et leurs munitions ne peuvent être introduites au Cameroun que par les localités où il existe un bureau de douane.

Si leur destinataire est un particulier qui réserve ces armes et munitions à son usage personnel, il doit, avant d'en prendre livraison, avoir obtenu, outre l'autorisation de sortie, les permis réglementaires et acquitté les taxes s'y rapportant ainsi que les droits d'entrée.

Si leur destinataire est un commerçant qui les réserve à la vente, il doit, avant d'en prendre livraison, avoir obtenu du Commissaire de la République l'autorisation de posséder un dépôt privé d'armes et munitions.

Nul ne peut être détenteur d'une arme à feu perfectionnée sans avoir obtenu un permis de port d'armes délivré par le Commissaire de la République.

Le permis de port d'armes est valable pour toute l'étendue des territoires occupés de l'ancien Cameroun. Il est valable pour un an et donne lieu à la perception d'une taxe annuelle de 10 francs pour les fusils et de 5 francs pour les revolvers ou pistolets.

Un Européen ne peut posséder plus d'un fusil, une carabine et un revolver.

Nul ne peut céder, à titre gratuit ou onéreux, les armes et munitions qu'il détient régulièrement, sans une autorisation spéciale du Commissaire de la République.

Fig. 15. — Pont sur le Pomlep (C. F. C.)

CHAPITRE V

VOIES DE COMMUNICATION ET MOYENS DE TRANSPORT

Les chemins de fer

Le territoire est desservi par deux lignes de chemins de fer.

Le Chemin de fer du Nord part de Bonabéri, situé en face de Douala, sur la rive droite du fleuve Wouri, et aboutit à N'Kongsamba, au kilomètre 160.

Le Chemin de fer du Centre part de Douala. Il vient d'atteindre Yaoundé (kilomètre 308).

Au 1er janvier 1927, les bases du tarif étaient les suivantes: Voyageurs de 1re classe, 0 fr. 70; de 2e classe, 0 fr. 45; de 3e classe, 0 fr. 20 (par voyageur et par kilomètre).

Bagages par tonne et par kilomètre, 4 fr. 50.

Tarif général des marchandises

Prix par tonne et par kilomètre: 1re catégorie, 3 fr.; 2e catégorie, 2 fr. 10; 3e catégorie, 1 fr. 55; 4e catégorie, 1 fr.; 5e catégorie, 0 fr. 65.

Tarifs spéciaux

		Prix par tonne et par kilomètre
P. V. n° 1	Matériaux de construction	0 fr. 25
P. V. n° 2	Produits alimentaires indigènes	0 fr. 20
P. V. n° 3	Caoutchouc	1 fr. 70
P. V. n° 4	Emballages vides en retour	0 fr. 70
P. V. n° 5	Sel:	
	Sans condition de tonnage	0 fr. 85
	Expédition minimum de 10 tonnes	0 fr. 55

	Prix par tonne et par kilomètre
P. V. nº 6 Graines de palme :	
Sans conditions de tonnage	0 fr. 90
Expédition minimum de 10 tonnes	0 fr. 75
P. V. nº 7 Huile de palme :	
Sans condition de tonnage	1 fr. 55
Expédition minimum de 1 tonne	1 fr. 40
P. V. nº 8 Bois (Acajou, Bilinga, Tiama, Iroco) :	
De 1 à 50 km	0 fr. 55
De 51 à 200 km	0 fr. 33
Autres essences :	
De 1 à 50 km	0 fr. 28
De 51 à 200 km	0 fr. 22
P. V. nº 9 Essence	1 fr. 40
Pétrole	0 fr. 85
P. V. nº 10 Autos et véhicules :	
De moins de 450 kg	2 fr. 10
De plus de 450 kg	1 fr. 40
Autres véhicules	1 fr. 80

Frais accessoires pour les transports P. V. :

Manutention par tonne :

Marchandises sans condition de tonnage	8 fr. 40
Par expédition minimum de 10 tonnes	5 fr. 60

Magasinage :

1º Marchandises pesant plus de 200 kg. au mètre cube :

a) En magasin couvert :	
1re période ou fraction de période de 24 heures	1 fr. 40
2e période ou fraction de période de 24 heures	5 fr. 60
Pour chacune des autres périodes de 24 heures	11 fr. 20
b) A l'air libre :	
1re période ou fraction de période de 24 heures	0 fr. 70
2e période ou fraction de période de 24 heures	2 fr. 80
Pour chacune des autres périodes de 24 heures	5 fr. 60

2º Marchandises ne pesant pas 200 kg. au mètre cube :

Par période ou fraction de période de 24 heures	5 fr. 60

Stationnement des wagons (par wagon) :	à 2 essieux	à 4 essieux
1º Période de 24 heures	40 fr.	65 fr.
2º Période de 24 heures	85 fr.	125 fr.
3º Période de 24 heures	1»0 fr.	210 fr.

Fig. 16. — Route Yaoundé-Yoko

A l'heure où nous écrivons, le chemin de fer du Centre n'est encore ouvert à la circulation commerciale que jusqu'à Ottelé (km. 248). Le service Douala–Ottelé est assuré trois fois par semaine par un express qui accomplit le trajet en moins de dix heures et tous les jours par des trains de marchandises.

De même, un train dessert quotidiennement le chemin de fer du Nord, Bonabéri–Nkongsamba, en huit heures ; des trains de marchandises circulent sur cette ligne quotidiennement.

Le trajet Douala-Yaoundé s'effectuera en un peu plus de douze heures.

Les routes

La route, au Cameroun comme dans toutes les colonies, est le complément indispensable de la voie ferrée, et la médiocrité des voies navigables doit en faire, ici plus qu'ailleurs, l'un des objets essentiels de la mise en valeur méthodique. L'administration allemande, pourtant, ne s'était pas particulièrement préoccupée de doter le territoire d'un réseau routier véritable. Les nombreuses routes mentionnées par nos prédécesseurs n'étaient en réalité que des pistes élargies où l'usage normal de l'automobile était chose impossible. C'est donc pour la plus grande part à l'autorité française que revient le mérite d'avoir exécuté un programme routier dont les résultats — routes anciennes et routes nouvelles — se chiffrent par un total de 1.800 kilomètres de voies accessibles aux automobiles.

Souvent, lorsqu'on a construit, il a fallu faire vite et certains tracés ne correspondent pas exactement à ce qui serait souhaitable ; la nature meuble du sol, d'autre part, rend, malgré un entretien constant, quelques tronçons défectueux. N'exagérons rien cependant : la plupart des routes du Cameroun supportent en toute saison, de jour et de nuit, une circulation nombreuse et les voyages en auto, loin d'offrir l'aspect d'un film d'aventures, s'effectuent le plus commodément du monde. Telle route voit rouler trois à quatre cents voitures dans les deux sens, régulièrement, chaque jour ; c'est là, on le voit, un instrument commercial, non le théâtre d'un raid dont le succès dépendrait de la virtuosité et de l'énergie du conducteur.

Les routes du Cameroun, du fait de leur structure, sont appropriées à la circulation des camionnettes de une à deux tonnes. Cette charge ne doit habituellement pas être dépassée ; on risquerait, à le faire, de défoncer la chaussée et d'ébranler les ponts

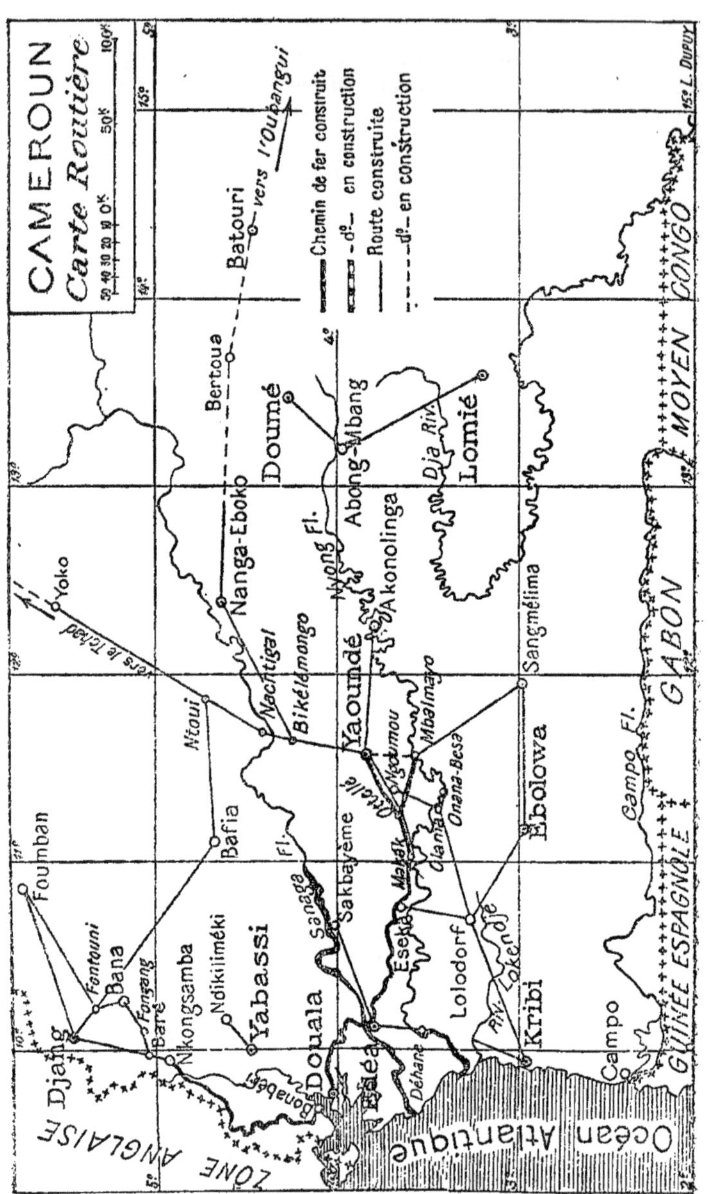

Fig. 4. — Réseau routier du Cameroun.

et ponceaux qui sont, pour la plupart, en bois. La route est habituellement plate, de façon à n'être pas ravinée par les pluies, et soutenue de chaque côté par une bordure de citronnelle qui la sépare du fossé.

Le nœud routier le plus important est Yaoundé.

De Yaoundé, se détachent deux routes qui se ramifient elles-mêmes en plusieurs tronçons : route Yaoundé-Kribi et route Yaoundé-Yoko. Grâce à ces deux voies, on peut aller de Yaoundé à :

Kribi (186 kilomètres) ; c'est l'ancienne route allemande, refaite sur la plus grande partie de son parcours ; aux abords de Kribi seulement cette route présentait un aspect définitif.

Ebolowa et Sangmélima ; cette route se détache de la précédente à Lolodorf ; en fait, la portion Ebolowa-Sangmélima n'est pas excellente.

Makak ; ce tronçon s'embranche à la route de Kribi, au lieu dit Ngoumou. C'est encore la route la plus passante du Cameroun ; elle a perdu une partie de son importance depuis que le chemin de fer est arrivé à Yaoundé. De Yaoundé à Makak, on compte 104 kilomètres.

Yoko (258 kilomètres) ; cette route amorce la grande ligne vers le Nord.

Bafia et Dschang ; c'est un embranchement de la route précédente ; il s'en détache à Nachtigal, aussitôt passé le bac de la Sanaga. Jusqu'à Bafia (160 kilomètres de Yaoundé) la route est commerciale ; au delà, ses caractéristiques un peu défectueuses auraient besoin d'être corrigées.

Nanga-Eboko et au delà ; autre embranchement de la route de Yoko ; la bifurcation est située au lieu dit Bikélé Mongo, à 58 kilomètres de Yaoundé. Cette route se dirige sur l'Afrique équatoriale et doit atteindre prochainement Bangui, capitale de l'Oubangui-Chari. Elle se déroule actuellement sur 250 kilomètres à partir de Yaoundé ; Nanga-Eboko est à 160 kilomètres de la capitale.

A côté du réseau qui a pour centre Yaoundé, diverses routes ont été construites : la route d'Eséka à Lolodorf, qui relie Eséka à Ebolowa et Kribi ; — la route Doumé-Lomié, par Abong-Mbang ; la route Sangmélima-M'balmayo, terminus du Decauville ; — les routes qui relient Dschang au terminus du chemin de fer du Nord, Nkongsamba, et notamment la plus récente, qui, passant par Bafang, traverse la rivière Nkam ; — la route peu commerciale de Dschang à Foumbam ; — la route Edéa–

Dehane, qui se prolonge même au delà d'Edéa, — enfin la route Garoua–Maroua et les routes du Nord, qui sont de bonnes pistes utilisables en saison sèche.

Le programme de construction se poursuit régulièrement; outre les tronçons en voie d'achèvement que nous avons déjà mentionnés, on prolonge actuellement la route du Nord vers Ngaoundéré et Garoua. En outre, une route nouvelle va, incessamment, relier Yaoundé à Akonolinga.

En résumé, le réseau routier du Cameroun présente un large développement qui anime utilement le commerce local.

LES PISTES

Nous ne saurions entrer dans le détail des sentiers élargis et améliorés. Il en existe sur tout le territoire, entre tous les centres.

Sur ces pistes, les Européens peuvent voyager à cheval, en hamac ou chaise à porteur, en « pousses » ou en monoroues.

La longueur des étapes est d'environ 25 kilomètres. Le poids des charges transportées à tête d'homme est de 25 kilos. Le prix des porteurs est, au minimum, de 1 fr. 75 par jour et par homme, et varie selon les régions.

Nous donnons ci-après le tableau des étapes :

(Voir le tableau ci-contre.)

Tableau des étapes, modifié par arrêté du 12 septembre 1922

LIEU DE DÉPART	LIEU D'ARRIVÉE	NOMBRE D'ÉTAPES
—	—	—
Douala	Eséka	Voir horaire des chemins de fer
Eséka	Makak	d°
Makak	Yaoundé	Service automobile : 4 heures, 3 étapes
Yaoundé	Yoko	9 étapes
Yoko	Tibati	5 —
Tibati	N'Gaoundéré ..	6 —
N'Gaoundéré ...	Garoua	9 —
Garoua	Maroua	8 —
Maroua	Pouss.........	4 —
Pouss..........	Kousseri	6 —
Yoko	Foumban	10 —
Douala	N'Kongsamba .	Voir horaire des chemins de fer
N'Kongsamba ..	Bana	3 étapes
Bana	Foumban	5 —
Foumban	Banyo	8 —
Banyo	Tibati	5 —
Banyo	N'Gaoundéré ..	10 —
Banyo	Tingéré	6 —
Tingéré	N'Gaoundéré ..	4 —
Bana	Somo	2 —
Yaoundé	Somo	8 —
Edéa	Kribi	4 —
Eséka	Yaoundé	Voir horaire des chemins de fer
Eséka	Lolodorf	2 —
Eséka	Ebolowa	5 —
Yaoundé	Lolodorf	6 —
Yaoundé	Ebolowa	5 —
Yaoundé	Sangmelima ...	8 —
Yaoundé	Akonolinga	3 ½ —
Akonolinga	Doumé	7 —
Akonolinga	Ebolowa	7 —
Akonolinga	Sangmelima ...	5 —
Akonolinga	Lomié	10 —
Kribi	Ebolowa	7 —
Kribi	Campo........	2 ½ —
Kribi	Lolodorf	4 —
Kribi	Yaoundé	10 —
Kribi	Nyabessam	5 ½ —
Kribi	Ambam	10 —

LIEU DE DÉPART	LIEU D'ARRIVÉE	NOMBRE D'ÉTAPES
—	—	—
Campo.........	Ebolowa	8 étapes
Campo.........	Nyabessam	3 —
Campo.........	Ambam	8 —
Lolodorf	Ebolowa	3 —
Lolodorf	Nyabessam	8 —
Lolodorf	Ambam	6 —
Nyabessam	Ambam	5 —
Ebolowa	Ambam	3 —
Ebolowa	Nyabessam	6 —
Elobowa	Djoum........	8 —
Elobowa	Sangmelima ...	4 —
Elobowa	Lomié	14 —
Doumé	Lomié	7 —
Doumé	Mindourou	7 —
Doumé	Mouloundou ...	23 —
Mindourou	Yokadouma ...	6 —
Yokadouma	N'Goula	5 —
N'Goula	Mouloundou ...	5 —
Sangmelima	Djoum........	4 —
Yabassi	Douala	2 —
Yabassi	Batongtou	3 —
Yabassi	Baré..........	3 —
Yabassi	NYombe......	4 —
Abong-M'Bang..	Akonolinga	5 —
Abong-M'Bang..	Doumé	2 —
Doumé	Batouri	5 —
Batouri	Yokadouma ...	8 —
Akonolinga	Doumé	7 —
Akonolinga	Abong-M'Bang.	5 —
Abong-M'Bang..	Doumé	2 —
Lomié	Nigato	4 —
Lomié	Yokadouma ...	8 —
Doumé	Bertoua	2 —
Bertoua	Koundé	8 —
Garoua	Yola	3 —
Garoua	Léré	4 —
Maroua	Binder	3 —
Maroua	Léré	5 —
Maroua	Pouss.........	4 —
Maroua	Maiduguri	5 —
Mora	Dikoa	4 —

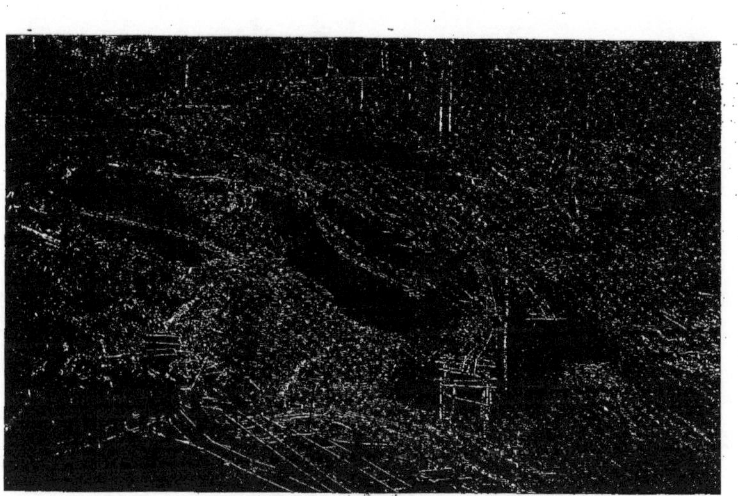

Fig. 17. — Construction du C. [illegible] C. Chantier au km. 269

CHAPITRE VI

ORGANISATION ADMINISTRATIVE

Nous avons dit, à la fin du chapitre premier, comment le décret du 23 mars 1921 accorda au Cameroun son autonomie politique et financière, et précisa les pouvoirs du Commissaire de la République.

Dans sa séance du 19 juillet 1922, à Londres, le Conseil de la Société des Nations a confirmé le mandat de la France dans la zone du Cameroun telle qu'elle résulte de l'accord du 10 juillet 1919 passé entre Lord Milner et notre Ministre des Colonies d'alors. Toutes les dispositions de l'acte important qui consacre cette confirmation de mandat montrent péremptoirement que dans son administration de l'occupation, la France n'a cessé de se conformer aux principes dont elle devra s'inspirer comme mandataire. Elle a rempli sa mission de tutrice à la satisfaction de la Société des Nations. La gestion du mandat n'a fait que confirmer ce résultat premier.

Administration centrale

Le Cameroun est administré par un Commissaire de la République.

Un Conseil d'administration a été organisé par le décret du 14 avril 1920. Il est ainsi composé : le Commissaire de la République, président ; un Administrateur des Colonies, désigné au début de chaque année par le Commissaire de la République ; le Commandant militaire ; le Procureur de la République ou, à défaut, le Président du tribunal de Douala ; deux membres choisis parmi les citoyens français notables, jouissant de leurs droits civils et désignés pour une période d'un an ; enfin, deux membres suppléants,

Le Conseil d'administration peut, en outre, comprendre l'Inspecteur des Colonies, chef de mission, qui a le droit d'assister aux séances ou de s'y faire représenter.

Le Conseil d'administration est obligatoirement consulté :

1° Sur l'établissement des budgets et des comptes ;

2° Sur le mode d'assiette, les règles de perception et la quotité des droits à percevoir dans le territoire ;

3° Sur la détermination des circonscriptions administratives du territoire ;

4° Sur les aliénations du domaine privé ou public ;

5° Sur les marchés et adjudications au-dessus de 3.000 francs ;

6° Sur l'expropriation pour cause d'utilité publique et sur les acquisitions d'immeubles.

Le Conseil d'administration peut se constituer en Conseil du Contentieux administratif, par l'adjonction de deux magistrats ou fonctionnaires annuellement désignés par le Commissaire de la République. L'arrêté du 6 décembre 1921 a déterminé la procédure à suivre devant le Conseil du Contentieux.

Les Services du Gouvernement résident à Yaoundé ; ce sont le Cabinet et le Secrétariat général ; le Chef du Secrétariat général a sous ses ordres le bureau de l'Administration générale (affaires politiques, affaires économiques, agriculture, législation) et le bureau des Finances (budget, comptabilité, matériel).

Le Chef de circonscription de Douala a une délégation de pouvoirs concernant le visa des passeports, le mandatement de certaines dépenses et la délivrance des permis de port d'armes aux Européens qui débarquent.

Divisions administratives

Le Cameroun est divisé en treize circonscriptions administratives : Douala, Mbanga, Edéa, Yabassi, Kribi, Dschang, Ebolowa, Yaoundé, Doumé, Lomié, Ngaoundéré, Garoua, Maroua.

Ces circonscriptions peuvent être partagées en subdivisions et commandées par des administrateurs ou par des officiers. Il leur est adjoint un personnel dit des Services civils constitué en un cadre local par un arrêté du 11 mars 1927.

Le tableau suivant donne la nomenclature des circonscriptions et subdivisions du territoire :

Région Sud

Circonscription de Douala.
Circonscription de Mbanga.
Circonscription d'Edéa : subdivisions d'Edéa, d'Eséka et de Babimbi.
Circonscription de Yabassi : subdivisions de Yabassi et de Batongtou.
Circonscription de Kribi : subdivisions de Kribi, de Campo, de Lolodorf.
Circonscription de Dschang : subdivisions de Dschang, de Nkongsamba, de Bafang, de Foumban et de Bafoussam.
Circonscription d'Ebolowa : subdivisions d'Ebolowa, de Sangmélima, de Djoum, poste d'Ambam.
Circonscription de Yaoundé : subdivisions de Yaoundé, d'Akonolinga, de Bafia, de Nanga-Eboko, de Yoko, poste d'Ayos.
Circonscription de Doumé : subdivisions de Doumé, de Batouri, de Deng-Deng.
Circonscription de Lomié : subdivisions de Lomié, d'Abong-M'bang, de Yokadouma, de Moloundou.
Circonscription de Ngaoundéré : subdivisions de Ngaoundéré, de Banyo.

Région Nord

Circonscription de Garoua : subdivisions de Garoua et de Guidder.
Circonscription de Maroua : subdivisions de Maroua, de Mokolo, de Yagoua et de Fort-Foureau.

Service judiciaire

Le décret du 8 août 1920, modifié par le décret du 5 mai 1927, créa, à Douala, un Tribunal de première instance, composé d'un juge président, d'un procureur de la République et d'un juge suppléant.

Il connaît de toutes les affaires intéressant les Européens et les habitants des Colonies et possessions françaises et étrangères jouissant d'un statut européen, enfin de toutes les affaires litigieuses entre indigènes et Européens, tant en matière civile et commerciale qu'en matière de simple police et correctionnelle.

La justice est rendue aux indigènes par des tribunaux de race, institués dans les circonscriptions et les subdivisions. Ces tribunaux sont présidés par le Chef de la circonscription, lequel peut être suppléé par un des fonctionnaires placés sous ses ordres nommés par arrêté du Commissaire de la République. Le président est assisté d'assesseurs indigènes.

Près du Tribunal de première instance est institué un tribunal d'homologation des jugements des tribunaux de races, prononçant des peines excédant trois ans d'emprisonnement et de ceux portant condamnation des agents indigènes de l'Administration à peine supérieure à six mois d'emprisonnement et à 500 francs d'amende.

Enfin, par décret du 29 décembre 1922 (1), a été institué à Douala un Conseil d'appel, composé d'un juge unique et de deux assesseurs, qui connaît en matières correctionnelle, civile et commerciale des jugements rendus par le Tribunal de première instance.

Le Procureur de la République près cette juridiction supérieure est chef du service judiciaire du territoire.

Services généraux

1° *Service des Douanes*

Le Chef du service, fonctionnaire métropolitain des Douanes, réside à Douala. Son personnel se compose d'agents venus d'Europe et d'auxiliaires indigènes. Ces derniers ont été réorganisés par l'arrêté du 16 septembre 1925.

Les ports du Cameroun ouverts à l'importation et à l'exportation sont : Douala, Kribi ,Campo et Garoua.

2° *Service des chemins de fer, des travaux publics et des ports et rades*

Ce service très important est dirigé par un officier supérieur du Génie, qui réside à Douala, où sont groupés tous les bureaux de direction.

Le personnel des chemins de fer et des travaux publics comprend des agents métropolitains, des agents du cadre local européen organisé par arrêté du 10 octobre 1921 (2), et les agents du cadre local indigène réorganisé par arrêté du 16 septembre 1925.

(1) *Journal officiel de la République* du 7 février 1923.

(2) Modifié par l'arrêté du 26 février 1926.

Les travaux de prolongement, incessamment terminés sur la voie ferrée du centre, étaient confiés à un personnel spécialisé composé principalement d'officiers du Génie. Le personnel des bureaux de la Direction des travaux comprend en majeure partie des agents du cadre local européen ; des sous-officiers du Génie tiennent l'emploi de surveillants et de sous-chefs de chantiers.

Le service du port est assuré par des officiers mariniers de la marine nationale.

3° *Service des Postes et Télégraphes*

Le service des postes est assuré au Cameroun par un agent détaché de l'Administration française des postes et télégraphes et résidant à Douala. Il est assisté d'un certain nombre d'agents européens, dont quelques-uns, comme lui, détachés de la Métropole, et certains provenant des cadres généraux de l'Afrique occidentale et de l'Afrique équatoriale.

Un cadre local européen a été organisé par un arrêté du 10 octobre 1921. Le cadre local indigène a été réorganisé par un arrêté du 16 septembre 1925.

SERVICE POSTAL

Le nombre des établissements postaux en exercice sur tout le territoire, à la fin de 1925, était de 32.

LISTE DES ÉTABLISSEMENTS POSTAUX ET TÉLÉGRAPHIQUES

Abong-M'Bang .	P.	»	Mi[1].	M[1].	R. B[2].	C. R[2].
Akonolinga	P. T.	»	Mi[1].	»	R. B.	C. R.
Ayos	P. T.	»	Mi[1].	M[1].	R. B[2].	C. R[2].
Bafang	P. T.	»	Mi[1].	»	R. B.	C. R.
Bafia	P.	»	Mi[1].	»	R. B[2].	C. R[2].
Bafoussam	P. T.	»	Mi[1].	»	R. B.	C. R.
Bonabéri	P. T.	»	»	»	R. B.	C. R.
Douala	P. T.	V.D.	Mi.	M. T.	R. B.	C. R.
Doumé	P.	»	Mi[1].	M[1].	R. B.[2]	C. R[2].
Dschang	P. T.	»	Mi[1].	»	R. B.	C. R.
Ebolowa	P. T.	»	Mi.	M.	R. B.	C. R.
Edéa	P. T.	»	Mi.	M.	R. B.	C. R.
Eséka	P. T.	»	Mi.	M.	R. B.	C. R.
Garoua	P.	»	Mi[1].	M[1].	R. B[2].	C. R[2].

Kribi	P. T.	»	Mi[1].	M[1].	R. B.	C. R.
Lolodorf	P. T.	»	Mi[1].	»	R. B.	C. R.
Lomié	P.	»	Mi[1].	M[1].	R. B[2].	C. R[2].
Makak	P. T.	»	Mi[1].	»	R. B.	C. R.
Maroua	P.	»	Mi[1].	M[1].	R. B[2].	C. R[2].
M'Banga	P. T.	»	Mi[1].	M[1].	R. B.	C. R.
Moloundou	P.	»	Mi[1].	»	R. B[2].	C. R[2].
Nanga-Eboko ..	P.	»	Mi[1].	»	R. B[2].	C. R[2].
N'Dikinimeki ..	P.	»	Mi[1].	»	R. B[2].	C. R[2].
N'Gaoundéré ..	P. T.	»	Mi[1].	»	R. B.	C. R.
N'Gila	P. T.	»	»	»	R. B.	C. R.
N'Goumou	P. T.	»	»	»	R. B.	C. R.
N'Kongsamba..	P. T.	»	Mi[1].	M[1].	R. B.	C. R.
Nyombé	P. T.	»	»	»	R. B.	C. R.
Otelé	P. T.	»	»	»	R. B.	C. R.
Sangmelima ...	P.	»	Mi[1].	»	R. B[2].	C. R[2].
Yabassi	P. T.	»	Mi[1].	M[1].	R. B.	C. R.
Yaoundé	P. T.	»	Mi.	M. T.	R. B.	C. R.
Yoko	P. T.	»	Mi[1].	»	R. B.	C. R.
Yokadouma ...	P.	»	Mi[1].	»	R. B[2].	C. R[2].

P. Poste.
T. Télégraphe.
V. D. Valeurs déclarées.
Mi. Maàdats d'articles d'argent du Service intérieur.
M. Mandats d'articles d'argent avec la France et l'étranger par l'intermédiaire de Paris-Caisse.
M. T. Mandats télégraphiques avec la France et les Colonies françaises.
R. B. Recouvrements et remboursements postaux.
C. Colis postaux.
C. R. Colis postaux avec remboursement.
1 Service des mandats assuré par l'agent spécial.
2 Service des recouvrements et remboursements assuré à l'arrivée seulement.

Des conventions spéciales passées avec le Service des chemins de fer assurent, en de très bonnes conditions, le transport des dépêches sur lès deux voies ferrées du Nord et du Centre, où circulent des courriers convoyeurs.

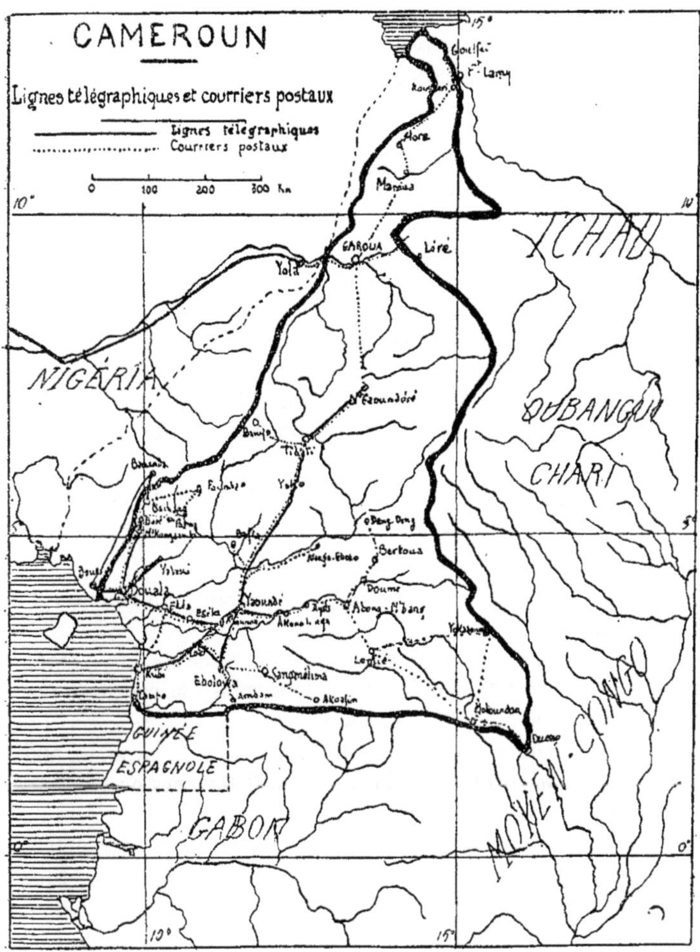

Fig. 5. — Lignes télégraphiques et courriers

Deux lignes maritimes desservent le Cameroun : les paquebots français de la Compagnie des Chargeurs-Réunis, tous les vingt et un jours, apportent et emportent les correspondances de et pour la Métropole et permettent les relations avec les colonies françaises de l'Afrique occidentale et de l'Afrique équatoriale ; la Compagnie Fabre-Fraissinet transporte également le courrier sur ses paquebots mixtes.

Le bureau de Douala profite de toutes les occasions quand elles sont avantageuses, et souvent plusieurs fois par mois, pour former des envois à destination de la France et de l'étranger.

Les établissements postaux, énumérés plus haut, participent tous au Service de la correspondance, ordinaire et recommandée, lettres, journaux, imprimés, échantillons.

Le Service des colis postaux a été organisé dans l'intérieur du territoire. Moyennant le paiement de surtaxes, dont le montant est proportionné à la distance, la poste se charge de faire parvenir les colis jusque dans les localités les plus éloignées.

Tous les bureaux et agences postales sont ouverts au Service des envois contre remboursement.

Le Service des mandats d'articles d'argent est assuré par les bureaux de poste et les agences spéciales.

Les envois de fonds effectués par mandats-poste sont assujettis :

1° A une taxe fixe de 0 fr. 30 applicable à tous les mandats, quel qu'en soit le montant ;

2° A un droit calculé comme suit :

a) Jusqu'à 100 francs, 5 centimes par 5 francs ou fraction de 100 francs ;

b) Au-dessus de 100 francs et jusqu'à 500 francs inclus, 1 franc pour les premiers 100 francs et, pour le surplus, 35 centimes par 100 francs ou fraction de 100 francs ;

c) De 500 fr. 01 à 2.000 francs, 2 fr. 40 pour les premiers 500 francs et, pour le surplus, 35 centimes par 250 francs ou fraction de 250 francs.

d) Au-dessus de 2.000 francs, 4 fr. 50 pour les premiers 2.000 francs et, pour le surplus, 35 centimes par 500 francs ou fraction de 500 francs.

Le minimum de perception est fixé à 50 centimes.

TARIF D'AFFRANCHISSEMENT DU RÉGIME INTÉRIEUR

1° *Lettres et paquets clos*

Jusqu'à 20 grammes, 40 centimes ;
De 20 à 50 grammes, 65 centimes ;
De 50 à 100 grammes, 90 centimes ;
Au-dessus de 100 grammes, 20 centimes par 100 grammes ou fraction de 100 grammes.

Poids maximum : 1 kg. 500.

Dimensions maxima : 45 centimètres sur chaque côté.

Sous forme de rouleau, 75 centimètres de long sur 10 centimètres de diamètre.

2° *Papiers de commerce et d'affaires*

Les taxes et conditions d'admission sont les mêmes que celles des lettres et paquets clos.

Par exception, sont admis au tarif de 30 centimes, jusqu'à 20 grammes :

1° Les factures, relevés de comptes ou de factures, bordereaux d'expédition ou notes d'honoraires expédiés sous enveloppe ouverte, ou sur carte à découvert et réduits à leurs énonciations constitutives ;

2° Les certificats de vie et les quittances concernant l'exécution de la loi sur les retraites ouvrières et paysannes, expédiées sous pli ouvert.

3° *Cartes postales ordinaires*

a) Cartes postales simples, 30 centimes ;

b) Cartes postales avec réponse payée, 60 centimes.

Dimensions : 10 à 15 centimètres ; longueur, 7 à 10 centimètres, 5 centimètres de largeur.

4° *Cartes postales illustrées*

Les taxes et conditions d'admission des cartes postales illustrées sont les mêmes que celles des cartes postales ordinaires.

Par exception, les cartes postales illustrées dont l'ensemble du verso est occupé par une illustration ou gravure, à l'exclusion de toute annotation manuscrite, sont admises :

1° Au tarif des imprimés ordinaires lorsqu'elles ne portent que la date ou la signature de l'expéditeur ;

2° Au tarif de 20 centimes lorsqu'elles portent, en outre des mentions précédentes, une inscription manuscrite de un à cinq mots.

5° *Imprimés non périodiques*

a) Imprimés présentés à l'affranchissement en numéraire ou affranchis au moyen de timbres-poste oblitérés d'avance, ou d'empreintes de machines à affranchir, déposés en nombre au moins égal à 1.000, triés et enliassés par bureau de destination :

Jusqu'au poids de 20 grammes, 75 centimes par objet.

b) Imprimés autres que ceux visés à l'alinéa précédent :

Jusqu'à 50 grammes, 15 centimes ;
De 50 à 100 grammes, 25 centimes ;
Au-dessus de 100 grammes, 15 centimes par 100 grammes ou fraction de 100 grammes.

c) Imprimés dits « urgents » (prix courants, mercuriales, cours de bourse ou d'office de publicité et de vente, lettres de convocation ou d'invitation, avis de passage des voyageurs de commerce, de bourse ou d'office de publicité et de vente, lettres de convocation ou d'invitation, avis de passage des voyageurs de commerce, avis de naissance, de mariage ou de décès, affiches, épreuves d'imprimerie et copies destinées à l'impression dans les journaux) :

Taxe additionnelle de 10 centimes par objet.

d) Impressions en relief à l'usage des aveugles :

Jusqu'à 20 grammes, 2 centimes ;
De 20 à 100 grammes, 3 centimes ;
De 100 à 500 grammes, 5 centimes ;
De 500 à 1.000 grammes, 10 centimes,

et ainsi de suite, en ajoutant 5 centimes par 500 grammes ou fraction de 500 grammes.

Poids maximum des imprimés : 3 kilogrammes.

Dimensions maxima : 45 centimètres sur chaque côté ; sous forme de rouleau, 75 centimètres de long sur 10 centimètres de diamètre.

6° *Imprimés périodiques*

Les journaux et publications périodiques, recueils, annales, mémoires et bulletins remplissant les conditions de la loi sur la presse, paraissant au moins une fois par trimestre, et dont la fin ne peut être prévue d'avance, sont passibles des taxes ci-après :

(Voir ci-après)

	JOURNAUX TRIÉS ET ROUTÉS PAR LEXPÉDITEUR	JOURNAUX NON ROUTÉS
	—	—
Jusqu'à 60 grammes	**1 centime**	**2 centimes**
De 60 à 75 grammes	**2 centimes**	**3 —**
De 75 à 100 grammes	**3 —**	**4 —**
De 100 à 125 grammes	**4 —**	**5 —**
De 125 à 150 grammes	**5 —**	**6 —**
Et par 25 grammes ou fraction de 25 grammes excédent	**1 —**	**1 centime**

La taxe s'effectue à l'exemplaire et non d'après le poids total du paquet. En aucun cas, la taxe applicable aux envois composés, soit uniquement d'imprimés périodiques, soit d'imprimés périodiques et d'imprimés ordinaires, ne peut dépasser la taxe applicable à un envoi d'imprimés ordinaires du même poids.

Mêmes limites de poids et dimensions que les imprimés ordinaires.

7° *Cartes de visite*

a) Cartes de visite portant des indications manuscrites, tarif des lettres ;

b) Cartes de visite ne portant que les indications imprimées ou manuscrites autorisées sur les imprimés, tarif des imprimés.

8° *Echantillons*

Jusqu'à 50 grammes, 15 centimes ;

De 50 à 100 grammes, 25 centimes ;

Au-dessus de 100 grammes, 15 centimes par 100 grammes ou fraction de 100 grammes.

Poids maximum : 500 grammes.

Dimension maxima : 30 centimètres sur tous les côtés ou 45 centimètres de long, à la condition que l'une des deux autres dimensions ne dépasse pas 15 centimètres.

9° *Droit fixe de recommandation*

Lettres, paquets clos, cartes postales ordinaires et envois de valeurs déclarées, 1 franc.

Objets affranchis à prix réduit, 60 centimes.

10° *Avis de réception des objets chargés ou recommandés*

a) Si l'avis de réception est demandé au moment du dépôt de l'objet, 75 centimes ;

b) Si l'avis de réception est demandé postérieurement au dépôt de l'objet, 1 fr. 50.

Les objets de correspondance de toute nature, adressés poste restante, sont passibles, en sus de la taxe ordinaire d'affranchissement, d'une surtaxe fixe de 30 centimes par objet.

Cette taxe est réduite à 10 centimes pour les journaux et écrits périodiques.

Si cette surtaxe n'a pas été acquittée au départ, elle est perçue sur le destinataire.

La taxe applicable aux réclamations ou demande de renseignements concernant les objets chargés et recommandés est fixée à 1 fr. 50.

En cas d'absence ou d'insuffisance d'affranchissement, les objets de correspondance de toute nature sont passibles d'une taxe double de l'insuffisance d'affranchissement, sans que cette surtaxe puisse être inférieure é 10 centimes pour les journaux et publications périodiques, ou à 30 centimes pour les autres objets.

Toute taxe comportant une fraction de demi-décime est arrondie au demi-décime entier.

Les journaux et écrits périodiques édités à l'étranger et déposés au Cameroun sont passibles du tarif des imprimés ordinaires.

La perte des objets recommandés, sauf le cas de force majeure, donne droit, soit au profit de l'expéditeur, soit à défaut et sur la demande de celui-ci au profit du destinataire, à une indemnité dont le maximum est fixé comme suit :

50 francs pour les lettres, paquets clos, cartes postales ordinaires et envois de valeurs à recouvrer ;

25 francs pour les objets affranchis à prix réduit.

TARIFS D'AFFRANCHISSEMENT DU RÉGIME FRANCO-COLONIAL ET INTERCOLONIAL

1° *Lettres et paquets clos*

Jusqu'à 20 grammes, 50 centimes.

De 20 à 50 grammes, 75 centimes ;

De 50 à 100 grammes, 1 franc.

Au-dessus de 100 grammes, augmentation de 30 centimes par 100 grammes ou fraction de 100 grammes.

2° *Papiers de commerce et d'affaires*

Les taxes et conditions d'admission de ces objets sont les mêmes que celles des lettres et paquets clos.

Par exception, sont admis au tarif de 40 centimes jusqu'à 20 grammes :

1° Les factures, relevés de comptes ou de factures, bordereaux d'expédition ou notes d'honoraires, expédiés sous enveloppe ouverte ou sur carte à découvert et réduits à leurs énonciations constitutives ;

2° Les certificats de vie et les quittances concernant l'exécution de la loi sur les retraites ouvrières et paysannes, expédiés sous plis ouverts.

3° *Cartes postales ordinaires*

a) Cartes postales simples, 40 centimes ;
b) Cartes postales avec réponse payée, 80 centimes.

4° *Cartes postales illustrées*

Les taxes et conditions d'admission des cartes postales illustrées sont les mêmes que celles des cartes postales ordinaires.

Par exception, les cartes postales illustrées dont l'ensemble est occupé par une illustration ou gravure, à l'exclusion de toute annotation manuscrite, sont admises :

1° Au tarif des imprimés ordinaires, lorsqu'elles ne portent que la date, la signature et l'adresse de l'expéditeur ;

2° Au tarif de 25 centimes, lorsqu'elles portent, en outre des mentions précédentes, une incription manuscrite de un à cinq mots.

5° *Imprimés*

Imprimés non périodiques :

1° Imprimés présentés à l'affranchissement en numéraire ou affranchis au moyen de timbres-poste oblitérés d'avance, ou d'empreinte de machines à affranchir, déposés en nombre au moins égal à 1.000, triés, enliassés par département et par bureau de distribution :

Jusqu'au poids de 20 grammes, 10 centimes par objet.

2° Imprimés autres que ceux visés à l'alinéa précédent :

Jusqu'à 50 grammes, 15 centimes ;
De 50 à 100 grammes, 25 centimes ;
Au-dessus de 100 grammes, par 100 grammes ou fraction de 100 grammes, 20 centimes.

3° Cartes de visite :

a) Cartes de visite ne contenant que les indications imprimées ou manuscrites autorisées sur les imprimés, tarif des imprimés ordinaires ;

b) Cartes de visite portant imprimés ou manuscrits des souhaits, félicitations, remerciements, compliments de condoléances ou autres formules de politesse exprimés en cinq mots ou au moyen de cinq initiales conventionnelles, au maximum, 25 centimes ;

c) Cartes de visite portant des indications imprimées ou manuscrites autres que celles visées aux paragraphes *a* et *b* précédents, tarif des lettres.

6° *Echantillons*

Jusqu'à 50 grammes, 15 centimes ;

De 50 à 100 grammes, 25 centimes ;

Au-dessus de 100 grammes, 20 centimes par 100 grammes ou fraction de 100 grammes.

7° *Colis postaux*

(Tarifs intérieurs)

Les colis de 5 à 10 kilos sont passibles d'une taxe égale au double de celle indiquée ci-dessous pour les colis de 1 à 5 kilos.

BUREAUX	Douala	Dschang	Ebolowa	Edéa	Eséka	Garoua	Kribi	Yaoundé	Maroua	N'Gaoundéré
Douala		1 90	2 65	1 00	1 00	12 00	2 00	2 25	14 65	9 00
Dschang........	1 90		4 50	2 40	2 75	11 90	3 90	4 15	14 50	8 90
Ebolowa	2 65	4 50		2 40	1 75	12 90	2 50	3 15	15 50	9 90
Edéa	1 00	2 40	2 40		1 00	11 65	1 40	1 90	14 25	8 65
Eséka	1 00	2 75	1 75	1 00		11 15	2 00	1 40	13 75	8 15
Garoua	12 00	1 90	12 90	11 65	11 15		13 15	9 75	2 65	3 00
Kribi	2 00	3 90	2 50	1 40	2 00	13 15		3 40	15 75	10 15
Yaoundé	2 25	4 15	3 15	1 90	1 40	9 75	3 40		12 40	6 75
Maroua	14 65	14 50	15 50	14 25	13 75	2 65	15 75	12 40		5 65
N'Gaoundéré ...	9 00	8 90	9 90	8 65	8 15	3 00	10 15	6 75	5 65	

Tarif pour le Transport des Colis postaux jusqu'à 1 kilo à l'intérieur des Territoires du Cameroun

(Arrêté du 26 Janvier 1926. — *Journal Officiel* du territoire du 15 février 1926)

	Abong-M'Bang	Akonolinga	Ambam	Ayos	Bafia	Bana	Banyo	Batongtou	Batouri	Bonabéri	Campo	Djoum	Doumé	Dschang	Ebolowa	Edéa	Eséka	Fort-Foureau	Foumban	Garoua	Guidder	Kribi	Lolodorf	Lomié	Makak	Maroua	M'Banga	Mokolo	Moloundou	Mora	Nanga-Eboko	Nguimbé	Ngaoundéré	Ngila	Ngoumou	N'Kong-Samba	Nyombé	Ottélé	Pouss	Sangmélima	Tibati	Yabassi	Yagoua	Yaoundé	Yoko	Yokadouma
Douala	2 00	1 50	1 60	1 50	1 50	1 50	2 90	1 50	3 05	1 50	1 50	2 35	2 30	1 50	1 50	1 50	1 50	7 70	1 70	5 05	5 65	1 50	1 50	2 75	1 50	6 25	1 50	6 65	5 45	6 65	1 55	1 80	3 70	1 50	1 50	1 50	1 50	1 50	6 85	1 75	2 80	1 50	6 85	1 50	2 10	3 95
Abong-M'Bang		1 50	2 80	1 50	2 05	2 85	4 85	2 90	1 50	2 05	2 80	3 05	1 50	2 90	1 85	1 85	1 65	8 30	3 65	5 65	6 25	2 45	1 95	1 50	1 55	6 85	2 20	7 25	3 45	7 25	2 15	2 60	4 80	1 90	1 50	2 40	2 25	1 50	7 45	2 45	3 40	2 30	7 45	1 50	2 05	1 95
Akonolinga			1 55	1 50	1 50	2 10	4 10	2 15	1 80	1 50	2 05	2 30	1 50	2 15	1 50	1 50	1 50	7 55	2 90	4 90	5 30	1 70	1 50	1 50	1 50	6 10	1 50	6 50	4 20	6 50	1 50	1 85	3 55	1 50	1 50	1 65	1 50	1 50	6 70	1 70	2 65	1 55	6 70	1 50	1 90	2 70
Ambam				1 80	1 80	2 45	4 45	2 50	3 35	1 65	1 90	1 65	2 60	2 50	1 50	1 50	1 50	8 00	3 25	5 85	6 00	1 50	1 50	3 05	1 50	6 00	1 80	6 95	5 75	6 95	1 85	2 15	4 05	1 65	1 50	2 00	1 85	1 50	7 15	1 50	3 15	1 90	7 15	1 50	2 40	4 25
Ayos					1 50	2 30	4 85	2 35	2 05	1 50	2 30	2 55	1 50	2 40	1 50	1 50	1 50	7 75	3 15	5 05	5 70	1 90	1 50	1 75	1 50	6 30	1 65	6 70	4 45	6 70	1 60	2 05	3 75	1 50	1 50	1 85	1 70	1 50	6 90	1 95	1 50	1 75	8 90	1 50	2 10	2 95
Bafia						2 80	4 35	2 35	3 10	1 50	2 30	2 55	2 35	2 40	1 50	1 30	1 50	7 75	3 15	5 10	5 70	1 90	1 50	2 80	1 50	6 30	1 65	6 70	5 50	6 70	1 60	2 05	3 75	1 50	1 50	1 85	1 70	1 50	6 00	1 95	2 85	1 75	6 90	1 50	2 10	3 25
Bana							2 40	1 75	3 90	1 50	2 00	3 20	3 15	1 50	1 95	1 50	1 50	7 90	1 50	5 25	5 85	1 65	1 55	3 60	1 50	6 45	1 50	6 85	6 80	6 85	2 40	1 80	3 90	2 15	1 50	1 50	1 30	1 50	7 05	2 60	3 65	1 50	7 05	1 55	2 90	4 80
Banyo								3 80	5 90	2 85	4 05	5 20	5 15	1 95	4 00	3 05	3 25	5 20	1 50	2 85	3 45	3 65	3 55	5 60	3 85	4 05	1 50	4 45	8 30	4 45	4 40	3 80	1 50	3 90	3 50	2 50	2 65	3 40	4 65	4 60	2 40	3 20	4 05	3 60	3 15	6 80
Batongtou									3 95	1 50	2 10	3 25	3 20	1 85	2 05	1 50	1 50	8 60	2 60	5 95	6 55	1 70	1 60	3 65	1 50	7 15	1 50	7 55	6 85	7 55	2 45	1 85	4 60	2 20	1 50	1 50	1 50	1 50	7 75	2 65	3 70	1 80	7 75	1 60	2 95	4 05
Batouri										3 10	3 85	4 10	1 50	3 95	2 90	2 90	2 70	9 35	4 70	6 70	7 30	3 50	3 00	1 80	2 80	7 90	3 25	8 30	4 50	8 30	3 20	3 65	5 35	2 95	2 45	3 45	3 30	2 50	8 50	3 50	4 45	3 35	8 50	2 85	3 70	3 00
Bonabéri											1 50	2 40	2 35	1 50	1 50	1 50	1 50	7 75	1 65	5 10	5 70	1 50	1 50	2 80	1 50	6 30	1 50	6 70	5 50	6 70	1 60	1 50	3 75	1 50	1 50	1 30	1 50	1 50	6 90	1 80	2 85	1 50	6 90	1 50	2 10	4 00
Campo												2 05	3 10	2 10	1 50	1 50	1 50	8 50	2 85	5 90	6 50	1 50	1 50	3 55	1 50	7 10	1 50	7 45	6 25	7 45	2 35	1 75	4 55	2 15	1 50	1 55	1 50	1 50	7 70	2 05	3 65	1 50	5 70	1 55	2 90	4 75
Djoum													3 35	3 25	1 50	2 15	1 95	8 75	4 00	6 15	6 75	2 25	1 65	3 80	1 80	7 35	2 55	7 70	6 50	7 70	2 60	2 90	4 80	2 40	1 65	2 75	2 60	1 75	7 95	1 50	3 90	2 65	7 95	1 80	3 15	5 00
Doumé														3 20	2 15	2 15	1 95	8 60	3 95	5 95	6 55	2 75	2 25	1 50	1 85	7 15	2 50	7 55	3 75	7 55	2 45	2 90	4 60	2 20	1 70	2 70	2 55	1 80	7 75	2 75	3 70	2 60	7 75	1 60	2 95	2 25
Dschang															2 05	1 50	1 50	7 45	1 50	4 80	5 40	1 70	1 60	3 65	1 50	6 00	1 50	6 40	6 35	6 40	2 45	1 85	3 45	2 25	1 55	1 50	1 50	1 50	6 60	2 65	3 75	1 50	6 60	1 65	3 00	4 35
Ebolowa																1 50	1 30	7 55	2 80	4 95	5 35	1 60	1 50	2 60	1 50	6 15	1 50	6 50	5 30	6 50	1 50	1 70	3 60	1 50	1 50	1 55	1 50	1 50	6 75	1 50	2 70	1 50	6 75	1 50	1 75	3 80
Edéa																	1 50	7 50	1 85	4 80	5 50	1 50	1 50	2 45	1 50	6 10	1 50	6 45	5 25	6 45	1 50	1 50	3 55	1 50	1 50	1 30	1 50	1 50	6 70	1 55	2 65	1 30	2 65	1 50	1 90	3 75
Eséka																		7 35	2 05	4 70	5 30	1 50	1 50	2 40	1 50	6 90	1 50	6 30	5 10	6 30	1 50	1 50	3 35	1 50	1 50	1 50	1 50	1 50	6 50	1 50	2 45	1 50	6 50	1 50	1 70	3 60
Fort-Foureau																			6 70	2 65	2 05	8 15	7 65	9 05	7 25	1 50	1 90	1 80	11 75	1 50	7 85	8 30	4 00	6 40	7 10	8 10	7 95	7 15	1 50	8 15	4 00	8 00	2 05	7 00	5 85	10 25
Foumban																				4 05	4 65	2 45	2 35	4 40	2 15	5 25	1 50	5 65	7 10	5 65	3 20	2 60	2 70	3 00	2 30	1 50	1 50	2 20	5 85	3 40	3 60	2 00	5 85	2 40	3 75	5 60
Garoua																					1 50	5 50	5 00	6 40	4 60	1 50	5 25	1 60	9 10	1 60	5 20	5 65	1 50	3 75	4 50	5 35	5 30	4 55	1 80	5 55	2 25	5 85	1 80	4 35	3 00	7 60
Guidder																						6 10	5 60	7 00	5 20	1 50	5 85	1 50	9 70	1 50	5 80	6 25	1 95	4 35	5 10	5 95	5 90	5 15	1 50	6 15	2 85	5 95	1 50	4 95	3 60	8 20
Kribi																							1 50	3 20	1 50	6 70	1 50	7 10	5 90	7 10	2 00	1 50	4 15	1 75	1 50	1 50	1 50	1 50	7 30	1 65	3 25	1 50	7 30	1 50	2 50	4 40
Lolodorf																								2 70	1 50	6 20	1 50	6 60	3 40	6 60	1 50	1 50	3 65	1 50	1 50	1 50	1 50	1 50	6 80	1 50	2 75	1 50	6 80	1 50	2 00	3 90
Lomié																									2 80	7 60	2 95	8 00	2 70	8 00	2 90	3 30	5 05	2 65	2 15	3 15	3 00	2 20	8 20	3 20	4 15	3 05	8 20	2 05	3 40	1 50
Makak																										5 80	1 50	6 20	5 00	6 20	1 50	1 50	3 25	1 50	1 50	1 50	1 50	1 50	6 40	1 50	2 85	1 50	6 40	1 50	1 60	3 50
Maroua																											6 45	1 50	10 30	1 50	6 40	6 85	2 55	4 95	5 70	6 55	6 50	5 75	1 50	6 75	3 45	6 55	1 50	5 55	4 20	8 80
M'Banga																												6 85	5 65	6 85	1 75	1 50	3 90	1 50	1 50	1 30	1 50	1 50	7 05	1 95	3 00	1 50	7 05	1 50	2 25	4 15
Mokolo																													10 70	1 50	6 80	1 50	2 95	5 35	6 05	6 95	6 90	6 10	1 50	7 10	3 85	6 95	1 50	5 95	4 00	9 20
Moloundou																														10 70	5 60	6 00	7 75	5 85	4 85	5 85	3 70	4 90	10 90	5 90	6 85	5 75	10 10	4 75	6 10	1 50
Mora																															6 80	7 20	2 95	5 85	6 05	6 95	6 90	6 10	1 50	7 10	3 85	6 95	1 50	5 95	4 60	9 20
Nanga-Eboko																																2 10	3 85	1 50	1 50	1 95	1 80	1 50	7 00	2 00	2 95	1 85	7 00	1 50	2 20	4 10
Nguimbé																																	4 30	1 90	1 50	1 50	1 50	1 50	7 45	2 30	3 40	1 50	7 45	1 50	2 65	4 50
Ngaoundéré																																		2 40	3 15	4 00	3 95	3 20	3 15	4 20	1 50	4 00	3 15	3 00	1 85	6 25
Ngila																																			1 50	1 70	1 55	1 50	5 55	1 30	1 50	1 60	5 55	1 50	1 50	3 85
Ngoumou																																				1 60	1 60	1 50	6 30	1 30	2 25	1 50	6 30	1 60	1 50	3 35
N'Kong-Samba																																					1 50	1 60	7 15	2 15	3 20	1 50	7 15	1 50	2 45	4 35
Nyombé																																						1 50	7 10	2 00	3 05	1 50	7 10	1 50	2 30	4 20
Ottélé																																							6 35	1 50	2 30	1 50	6 35	1 50	1 55	3 40
Pouss																																								7 35	4 05	7 15	1 50	6 15	4 80	9 40
Sangmélima																																									3 30	2 05	7 35	1 50	2 55	4 40
Tibati																																										3 10	4 05	2 10	1 50	5 35
Yabassi																																											7 15	1 50	2 35	4 25
Yagoua																																												6 15	4 80	9 40
Yaoundé																																													1 50	3 25
Yoko																																														4 60

Tarif pour le transport des colis postaux jusqu'à 1 kilog
à l'intérieur du territoire

BUREAUX	Douala	Dschang	Ebolowa	Edéa	Eséka	Garoua	Kribi	Yaoundé	Maroua
Douala		1 00	1 00	1 00	1 00	2 40	1 00	1 00	2 95
Dschang........	1 00		1 00	1 00	1 00	2 40	1 00	1 00	2 90
Ebolowa	1 00	1 00		1 00	1 00	2 60	1 00	1 00	3 10
Edéa	1 00	1 00	1 00		1 00	2 35	1 00	1 00	2 85
Eséka	1 00	1 00	1 00	1 00		2 35	1 00	1 00	2 75
Garoua	2 40	2 40	2 60	2 35	2 25		2 65	1 95	1 00
Kribi	1 00	1 00	1 00	1 00	1 00	2 65		1 00	3 15
Yaoundé	1 00	1 00	1 00	1 00	1 00	1 95	1 00		2 50
Maroua	2 95	2 90	3 10	2 85	2 75	1 00	3 15	2 50	
N'Gaoundéré ...	1 80	1 80	2 00	1 75	2 65	1 00	2 05	1 35	1 15

SERVICE TÉLÉGRAPHIQUE

Ce Service n'a pu être réorganisé aussi rapidement que le Service postal. Il exige, en effet, un personnel technique expérimenté et un matériel considérable.

Le 1er avril 1916, le réseau comprenait 360 kilomètres de lignes, présentant un développement de 520 kilomètres, 5 bureaux et des réserves nulles.

En 1918, des réfections portèrent le développement à 1.315 kilomètres.

En mars 1923, après l'achèvement de la ligne Yaoundé-Ngaoundéré (550 km.), il atteignit 1.865 kilomètres.

La pose d'un second conducteur entre Yaoundé et Douala (330 km.) et la construction d'une section Eséka-Lolodorf (60 km.) donneront, à brève échéance, au réseau, un développement d'environ 2.255 kilomètres.

Actuellement, 20 bureaux sont ouverts au Service de la télégraphie officielle et privée. Les taxes intérieures ont été fixées à 15 centimes par mot.

Un câble Douala–Lomé, exploité par l'Administration française, permet à tous les télégrammes d'être acheminés sur la Métropole par des voies exclusivement françaises.

SERVICE TÉLÉPHONIQUE

Il comprend deux réseaux urbains, celui de Douala-Bonabéri et celui de Yaoundé. Les taux d'abonnement forfaitaire sont de 300 francs par poste principal et de 60 francs par poste supplémentaire.

SERVICE DE SANTÉ

Ce Service est placé sous les ordres d'un médecin principal des troupes coloniales, ce dernier secondé par des médecins militaires et des médecins de l'assistance médicale indigène. Une mission permanente spéciale a été créée, au cours de l'année 1926, pour combattre la maladie du sommeil dans les secteurs où sévit la contagion.

Les autres Services sont : l'Enseignement, le Trésor, à Yaoundé, avec une paierie à Douala ; l'Imprimerie du Gouvernement, à Yaoundé, qui exécute divers travaux pour les particuliers, le Service de l'Enregistrement et des Domaines et celui de l'Agriculture.

CHAMBRE DE COMMERCE

Un arrêté du 5 juin 1926 a réorganisé la Chambre consultative de commerce qui siégeait à Douala. La nouvelle Chambre, qui est élue au suffrage universel des commerçants de la façon que nous préciserons, porte provisoirement le nom de « Chambre consultative élue de commerce, d'industrie et d'agriculture ».

La Chambre de commerce est composée de membres français, étrangers et indigènes, titulaires et suppléants, élus pour deux ans, et de membres correspondants désignés par la Chambre en exercice. Les membres titulaires sont au nombre de vingt-quatre :

Douze Français (deux exploitants forestiers, un représentant des établissements de crédit, un planteur, cinq commerçants faisant l'exportation et l'importation, deux commerçants ne faisant ni l'exportation ni l'importation, un représentant de compagnie de navigation ;

Dix étrangers (un représentant d'une compagnie de navigation, un représentant d'un établissement de crédit, trois commerçants ne faisant ni l'exportation ni l'importation, cinq commerçants faisant l'exportation et l'importation) ;

Deux indigènes (un agriculteur, un commerçant).

Les membres suppléants sont au nombre de dix (cinq Français, quatre étrangers, un indigène).

Les règles d'électorat et d'éligibilité sont fixées par l'arrêté du 5 juin 1926 ; les femmes sont électrices et éligibles.

Le bureau de la Chambre se compose d'un président, d'un vice-président et d'un secrétaire trésorier.

L'Assemblée représente les intérêts commerciaux auprès de l'autorité administrative, participe aux enquêtes économiques, établit les statistiques commerciales, désigne les Européens ou indigènes appelés à siéger dans les différents conseils (Conseil d'administration du territoire, Comité consultatif des chemins de fer, commissions diverses, etc.).

Le Commissaire de la République est obligé de requérir son avis au sujet de l'établissement des mercuriales, la rédaction des plans de campagne de travaux publics, les règlements relatifs aux usages commerciaux, les changements projetés dans la législature commerciale, douanière et économique. La Chambre peut, en outre, être consultée sur toute question touchant les intérêts publics ou partiuclier du territoire.

On verra, dans un autre chapitre, que certains produits paient à la sortie du Cameroun un droit fiscal *ad valorem*. La valeur officielle des produits d'après laquelle on décompte le droit de sortie est annuellement fixée par la Chambre de commerce qui s'adjoint, à l'occasion, le chef du Service des Douanes et le chef du bureau des Finances : ces deux fonctionnaires ont voix consultative.

La Chambre de commerce aura un budget dont les recettes proviendront d'un prélèvement sur l'impôt des patentes.

Une Chambre d'agriculture, dont les membres sont nommés par le Commissaire de la République, vient d'être créée en dehors de la Chambre de commerce. Elle délibère sur les questions relatives aux programmes agricoles et sur les desiderata des planteurs.

CHAPITRE VII

LA VIE AU CAMEROUN

Climat. — Hygiène et vie courante. — Santé

Le climat

Le Cameroun peut se diviser en trois zones possédant un climat différent.

1° La zone côtière et sud du Cameroun, couverte par la forêt dense, jouit du climat équatorial. La température y est élevée, avec peu de différence d'une saison à l'autre. La tension de la vapeur d'eau y est considérable, avec une grande humidité.

Les variations journalières de la température sont plus grandes et augmentent à mesure qu'on se dirige vers l'intérieur.

La température moyenne de l'année est de 25° C. environ ; le mois de juillet, avec 23° C., est le plus frais, et le mois de février, avec 27° C., est le plus chaud.

L'année peut être divisée en deux saisons : la saison des pluies, d'avril à novembre, et la saison sèche, de novembre à mars.

Cette zone est une des plus pluvieuses du monde, en raison de la proximité des hauts massifs : le mont Cameroun (4.040 mètres), le pic de Fernando-Po (3.050 mètres), les monts Manenguba (2.250 mètres).

On a enregistré, en certains endroits, des chutes annuelles dépassant 11 mètres. A Douala, en 1912, il a été relevé 4 m. 625 et 204 jours de pluies.

Si la partie immédiatement littorale reçoit une plus forte abondance de pluies que n'importe quelle autre région du territoire, il est néanmoins possible de déterminer que dans la zone du Cameroun couverte par la forêt il est peu de points où les pluies annuelles n'atteignent au moins 2 mètres de hauteur et où le nombre de jours de pluies soit inférieur à 150. Les mois de juin, juillet, août, septembre, sont les plus pluvieux.

Fig. 18. — Garoua. Couloir d'entrée d'une maison Foulbé

Fig. 19. — Pouss. Entrée d'une case Kirdi-Massa

2° La région des hauts plateaux, grâce à ses altitudes, jouit d'un climat qui n'est ni équatorial, ni tropical. Il varie selon l'altitude. La température y atteint des minima plus bas que sur la côte et les variations journalières sont environ le double de celle de la région côtière.

La variation annuelle est faible.

A Yaoundé, qui est sur les premiers gradins du plateau central, on note en février, mois le plus chaud, 23° C., et en juillet, le plus froid, 21° C.

Les chutes d'eau sur le plateau central sont de 1 m. 5 à 2 mètres, mais les jours de pluie dépassent rarement 150 (Ngaoundéré : 1.800 mètres et 138 jours de pluie).

3° La région du Tchad a une température beaucoup plus élevée que celle des deux premières zones. Les variations quotidiennes et annuelles sont plus nettement marquées.

En décembre et janvier, on a noté à Kousseri, avant 6 heures du matin, des températures de 8° ; à Maroua, 9°. En ces mêmes mois, dans la journée, le thermomètre monte à plus de 30°.

En avril, mai, à Maroua, la température s'élève le jour à 48°, et la nuit à 40°.

Un peu au sud de la Bénoué et jusqu'au 10° de latitude Nord, les hauteurs d'eau oscillent entre 800 millimètres et 1 mètre. Au delà et jusqu'au Tchad, les chutes annuelles oscillent entre 300 et 600 millimètres.

Salubrité

Le paludisme sévit dans les forêts, ainsi que sur les plaines de la Bénoué et du Tchad, où s'étalent en abondance des eaux stagnantes. Il sévit encore dans les parties basses du plateau de l'Adamaoua, au centre, au Nord et même dans la savane du plateau. Au-dessus de 1.200 mètres, le paludisme disparaît, mais, à cette altitude, la dysenterie, les bronchites et les broncho-pneumonies y sont observées parfois parmi la population indigène. Les Européens peuvent aisément s'en préserver.

Ces considérations ne doivent pas effrayer les Européens. L'altération de la santé est moins due au climat qu'à une mauvaise hygiène et une alimentation insuffisante. L'anémie, le paludisme peuvent être aisément combattus. Au Cameroun, l'Européen pourra arriver à une acclimatation relative, pour y vivre de longues années, par périodes de deux ans dans la région côtière, et davantage dans certaines parties des hauts-plateaux salubres.

L'Européen qui vient s'établir au Cameroun ne doit songer qu'à y passer une partie de son existence, car c'est un pays d'exploitation et non de peuplement, à l'exception peut-être de certaines régions des hauts-plateaux. Il doit jouir d'une bonne santé physique et d'un bon équilibre moral. Il évitera tous excès ; la sobriété est un grand élément de succès.

Hygiène

La propreté corporelle est indispensable ; la pratique journalière du « tub » entretient la peau en bon état.

L'Européen chargé d'un service de bureau s'astreindra, avec profit, à faire un exercice modéré, chaque matin, ou avant le bain. Des mouvements de gymnastique suédoise sont recommandés. Il évitera de s'exposer, immobile, au soleil ; si ses fonctions l'obligent à rester sans abri au soleil, il devra marcher, ne pas rester en place. Pendant le jour, il sortira avec un casque en liège ou en moelle de sureau, ou avec un feutre très épais, dont la bordure de cuir intérieure laissera passer l'air.

Le vêtement usuel est le complet colonial en toile blanche ou kaki. Il est reconnu que, pour la coiffure et le vêtement, la couleur blanche est celle qui procure le plus de fraîcheur. Dans la forêt, où on est moins exposé au soleil, la couleur a moins d'importance, et le kaki, moins salissant, est indiqué.

Il est prudent de porter sur la peau, en toute saison, une chemise légère et ample ou un gilet de coton à mailles larges, et même les deux.

Laver fréquemment le linge de corps pour éviter les maladies cutanées et la furonculose, si fréquentes dans les pays chauds.

Quand la température s'abaisse, on revêt volontiers, le soir, un costume de flanelle bleue ou de gabardine. Il est même prudent, pendant la saison des pluies, d'avoir à sa portée une veste chaude. Sur les hauts-plateaux, et durant une partie de l'année, on supporte des vêtements de drap pendant le jour.

L'Alimentation

La sobriété est une nécessité dans les pays chauds ; les troubles digestifs, aggravés par les écarts de régime, y sont fréquents, et le foie a sa résistance diminuée. La nourriture devra être moins abondante qu'en Europe, où il y a une plus grande dépense de calorique. On se défiera surtout des excès alcooliques.

En dehors des denrées importées, l'Européen trouvera au Cameroun beaucoup de produits d'alimentation. On abat des bœufs, des moutons, des porcs, dans certains centres. On trouve des volailles dans tous les villages. Les poissons abondent dans les rivières. On trouve du gibier partout, dans la forêt ou dans la savane : la pintade, la perdrix, le pigeon vert, le sanglier, les antilopes, etc.

Mais il est bon de ne pas abuser des viandes, notamment aux repas du soir. L'Européen doit manger surtout des légumes ; comme on ne peut avoir en toute saison les produits des jardins potagers, il y a lieu de signaler les plantes comestibles indigènes : l'igname, excellente dans les ragoûts, peut aussi se manger sautée et même en purée ; cuite à l'étouffée ou sur la cendre, elle remplace le pain. Le manioc non amer est aussi bon que l'igname dans les ragoûts ; grillé, il peut aussi remplacer le pain. La patate se mange frite ou cuite sur la cendre ; sa feuille, comme celle de diverses autres plantes indigènes, remplace fort bien les épinards. Le maïs tendre se mange cuit à l'eau ou sur la cendre. On trouve partout plusieurs variétés de haricots. Le taro peut également remplacer la pomme de terre. Citons encore le gombo, le pourpier, pour les salades.

Des fruits nombreux se trouvent sur les marchés ou dans les villages : ananas, bananes, papayes, cocos, goyaves, avocats, corrosols, mangues, etc.

Dans les jardins potagers, on obtient la plupart des légumes d'Europe. La pomme de terre vient bien et donne beaucoup, notamment sur les hauts plateaux ; dans certaines régions, les indigènes eux-mêmes se livrent à sa culture.

La cuisson de la viande est à recommander pour éviter le ténia, dont la présence trouble les fonctions intestinales. L'abus des épices fatigue l'estomac. On évitera de consommer beaucoup de conserves et de charcuterie ; ces aliments sont une cause d'intoxication intestinale et de troubles hépatiques.

Il est toujours utile de filtrer l'eau d'alimentation, ou de la faire bouillir, pour éviter les vers de Guinée et filaires qui se rencontrent dans les rivières et les marais.

Il peut arriver que l'huile, la graisse ou le beurre fassent défaut aux Européens vivant loin des centres. Nous croyons utile de donner un procédé assez facile pour rendre l'huile de palme comestible : « Faire bouillir l'huile pendant au moins trois quarts d'heure, avec 5 ou 6 feuilles de citronnier ou d'oranger par litre. Enlever les feuilles, l'écume, laisser bouillir encore un quart d'heure. » La bonne huile ainsi traitée répand une odeur de noisette. Elle sert à tous les usages culinaires, y compris la cuisson des œufs et des rôtis.

Pour augmenter le raffinage de l'huile ainsi traitée, mélanger à froid l'huile de palme avec de l'eau et porter le tout à l'ébullition en tournant constamment avec une cuillère. L'eau serait susceptible de dissoudre encore une partie des éléments odorants.

Laisser la masse refroidir et décanter l'huile.

Cette huile reviendrait à environ 2 francs le litre, alors que la graisse coûte 18 francs le kilo.

L'huile d'arachide indigène et l'huile de sésame, plus agréables au goût que l'huile de palme même raffinée, comme nous venons de dire, se répand de plus en plus et son usage en cuisine ne présente que des avantages.

L'Habitation

L'Européen qui s'installe au Cameroun choisira avec soin l'emplacement de son habitation. Il évitera les terres basses, humides, les abords de marais ; il choisira, si possible, une hauteur. L'orientation de la maison n'est pas négligeable, si on veut éviter la chaleur et obtenir une bonne aération. Les façades de la maison seront exposées au Nord et au Sud. Si le rez-de-chaussée ne fait pas office de magasin, il devra, autant que possible, être surélevé soit sur un massif de maçonnerie, soit sur des piliers. La circulation de l'air doit exister entre le plafond et la toiture, mais il importe de grillager les ouvertures, si on veut empêcher l'introduction des chauve-souris, des rats, des lézards, dans le faux-grenier ; les odeurs, les bruits que produisent ces animaux sont désagréables. Une véranda à persiennes, mobiles ou fixes, entourera la maison. Néanmoins, dans la région de Douala, notamment, où l'humidité est si grande, les persiennes ne doivent pas descendre trop bas ou être toujours tenues fermées si elles sont mobiles ; il ne faut pas oublier que l'air et la lumière assainissent la maison. Les moustiques aiment les appartements sombres et la crainte du soleil ne doit pas devenir de la phobie. Les portes et les fenêtres seront larges et hautes.

Si on peut faire autrement, on évitera les constructions en bois, trop facilement attaquées par les termites et les tarets. La construction en briques, en pierres ou en ciment armé est à recommander. Il en est de même pour les plafonds ; le carrelage est préférable au plancher. Pour les murs, éviter les doubles cloisons, réceptacles de rats et d'insectes de toutes sortes. La maison comprendra un cabinet de débarras et une salle de douches.

Les communs seront placés à une certaine distance ; l'habitation des domestiques le plus loin possible.

Le Mobilier

Il est préférable de se procurer le matériel de literie, de cuisine et de table en Europe ; quant aux meubles, boiseries des lits, chaises, tables, buffets, armoires, mieux vaut ne pas s'en encombrer avant le départ. Dans tous les centres existent menuisiers et ébénistes indigènes dont le travail, sans atteindre la perfection, s'améliore constamment. Les meubles qui sortent des ateliers administratifs et des écoles professionnelles ne dépareraient pas nos appartements. On trouve aussi très facilement ces fauteils ou guéridons en rotins qui sont un des éléments constitutifs de l'intérieur colonial.

Les Domestiques

Les candidats à l'emploi de domestiques, cuisiniers ou boys, sont assez nombreux, et, à leur arrivée, les Européens sont parfois importunés par les solliciteurs. Malheureusement, les bons sujets sont rares.

Les domestiques devront être surveillés, car au Cameroun et notamment dans les centres qui attirent l'écume de la population, les indigènes honnêtes sont peu communs et les vols sont fréquents. Le salaire d'un boy varie, en dégression de Douala vers l'intérieur, de 70 à 40 francs. De même, un cuisinier se paye de 60 à 100 francs, ce chiffre pouvant même être dépassé si le sujet est particulièrement doué.

Est-il besoin d'ajouter que pour dresser un domestique, pour en obtenir un service satisfaisant, il vaut mieux être patient, calme et bon, que violent et brutal. Les Européens qui frappent sont les plus mal servis, sans compter les petites vengeances aussi sournoises que malpropres dont le brutal devient la victime, sans qu'il s'en doute.

Objets à emporter de France

L'Européen allant au Cameroun ne devra emporter que les objets qu'il ne pourra se procurer sur place.

S'il doit séjourner à Douala ou dans une localité desservie par le chemin de fer, la question des malles ne se pose pas. Mais s'il va s'établir loin des voies ferrées, il sera préférable de n'emporter que des cantines, zinguées extérieurement.

Pour la traversée, deux de ces cantines remplaceront la grande malle-cabine, qui deviendra encombrante si, plus tard, il faut la transporter à tête d'homme ou dans une pirogue.

Dans ces deux cantines on renfermera, avec les objets nécessaires, le linge de corps suffisant pour un mois environ, c'est-à-dire pour la traversée et les premiers jours après le débarquement : chemises, caleçons, chaussettes, mouchoirs, cols, cravates. Un complet kaki ou deux, pour le pont ; deux ou trois complets blancs. Sur les paquebots français, l'étiquette au sujet de la tenue est moins rigoureuse que sur les paquebots étrangers, où le smoking est presque de rigueur au repas du soir. Jusqu'à Dakar, on se rend à la salle à manger en costume de drap, et au delà, la chaleur venue, en costume blanc et même kaki.

Dans les cantines de réserve, on emportera le linge en proportion de la durée du séjour : chemises en cellular ou autres, gilets maille, caleçons, chaussettes, etc. Parfois, on trouve ces objets dans les maisons de commerce, mais elles peuvent en manquer. Les approvisionnements en objets de toilette sont plus réguliers : savons, pâtes dentifrices, brosses à dents, etc. Néanmoins, surtout si on doit se rendre dans une localité éloignée, il est prudent de se munir d'une certaine provision de ces objets.

On emportera un casque en liège ou en moelle de sureau. On en trouve au Cameroun, mais il est indispensable d'en avoir un au départ de France pour l'utiliser à partir des tropiques.

Des chaussures de marche et de repos, en cuir et en toile. Nous recommandons les chaussures montantes, pour éviter les piqûres de moustiques. On n'oubliera pas la ceinture de flanelle.

Il est tout à fait prudent d'emporter un lit pliant en fer ou en bois complet (matelas galette, draps, couvertures, oreiller, taies d'oreiller et moustiquaire). Ce meuble est indispensable pour les déplacements, les voyages dans l'intérieur. Il ne faut jamais coucher à même le sol.

Il est utile également, si on ne descend pas dans un établissement déjà installé, d'emporter deux cantines de popote : l'une renfermant dans ses compartiments les ustensiles de cuisine en aluminium : casseroles, fait-tout, passoire, bouilloire, couteaux de cuisine, couverts fer battu, gril, plats à œufs, poêle à queue pliante, torchons, moulin à café, boîte à sel, etc., etc. ; l'autre contenant le service de table : assiettes creuses et plates, plats, couverts, couteaux, gobelets, filtres à café, théière, boîte à sel, moulin à poivre, moulin à café, serviettes, boîtes à sucre, café, thé, un photophore, etc.

Enfin, il sera encore utile d'emporter une table pliante et un pliant.

Les maisons de commerce de Douala sont assez bien approvisionnées en vivres, et il est devenu inutile d'en emporter de France.

Par contre, une petite pharmacie de poche (munie de chlorhydrate de quinine, de sulfate de soude, de teinture d'iode, de benzonaphtol, d'acide lactique, de salol, de bi-carbonate de soude, de bismuth, de laudanum, etc.), sera indispensable. Il existe des guides médicaux très pratiques ; il sera utile de s'en procurer un exemplaire.

Principales maladies

Les principales maladies qui frappent les Européens sont le paludisme, l'hépatite et la dysenterie.

Le paludisme. — Cette maladie est inoculée à l'homme par des moustiques du genre anophèle. En général, le paludisme se traduit primitivement par une fièvre continue, puis par des accès de fièvre intermittente, enfin par la cachexie, si la maladie n'est pas traitée ou si l'on prolonge trop longtemps son séjour. Ces formes du paludisme peuvent se compliquer d'accidents pernicieux et d'états bilieux (accès pernicieux, fièvre bilieuse paludéenne). Une maladie qui se rattache au paludisme, la fièvre bilieuse hémoglobinurique, s'observe assez fréquemment. Le paludisme est la cause prédisposante et elle se déclare à la suite d'un refroidissement ou de quelques excès.

On pourra éviter le paludisme en se mettant à l'abri des piqûres de moustiques, ce qui n'est pas toujours possible, et en prenant de la quinine préventive. Nous conseillerons à tout Européen de prendre, dès son arrivée et chaque jour, une dose de chlorhydrate de quinine de 25 centigrammes. Le mieux sera de prendre ce médicament en poudre, dans un cachet ; les comprimés, employés à peu près universellement, ne donnent pas toujours de bons résultats : ils se dissolvent parfois difficilement, parce que trop durs ou trop anciens.

Cette dose de quinine est inoffensive et peut être absorbée durant tout le séjour colonial.

Fièvre bilieuse hémoglobinurique. — Cette maladie dérive nécessairement du paludisme ; elle sera donc peu à redouter, si l'Européen s'est astreint régulièrement à la quinine préventive et s'il ne commet pas d'excès de table, de fatigue, etc.

En cas d'atteinte, et s'il n'y a pas de médecin dans la localité, le malade s'abstiendra de prendre de la quinine ; des tisanes diurétiques, comme le kinkélibah, sont recommandées, ainsi que des lavements d'eau salée, à défaut de sérum.

Dysenterie. — La mauvaise qualité de l'eau, des refroidissements peuvent causer cette maladie. On aura des chances de l'éviter si on ne boit que de l'eau filtrée ou bouillie ; si on éprouve quelques coliques, un peu de diarrhée, on mettra une ceinture de flanelle sur la peau. Mais la contagion peut répandre la dysenterie par le contact des mouches sur les aliments ; par l'eau d'arrosage imprégnée de déjections humaines. Aussi, les aliments seront renfermés dans un garde-manger ; les légumes seront lavés avec de l'eau bouillie, si elle n'est pas pure. On évitera les excès de table, l'usage immodéré des alcools.

En cas d'atteinte, un régime sévère, la diète même, sont préconisés en attendant les soins d'un médecin. La petite pharmacie personnelle pourra contenir quelques désinfectants de l'intestin, quelques calmants : du benzo-napthol, de l'opium, des comprimés d'El Kossam, le spécifique de l'Extrême-Orient.

Hépatite. — L'hépatite débute par la congestion du foie ; elle peut aboutir à un abcès, à l'hépatite suppurée. Elle peut être causée par le paludisme, par la dysenterie, par des excès de table, de boisson, et aussi par une prédisposition du tempérament.

La prophylaxie ressort de la connaissance des causes de l'hépatite ; on traitera énergiquement le paludisme et la dysenterie, et toute faute de diététique sera évitée. On se mettra en garde contre la constipation, en suivant un régime végétal. Il convient d'éviter les refroidissements, qui favorisent la congestion du foie, à laquelle prédispose la chaleur humide du climat.

Fig. 20. — Musulmans de Tibati

Fig. 21. — Goulfei. Musiciens Kotoko

CHAPITRE VIII

COMMENT ON S'ÉTABLIT AU CAMEROUN

1° Régime foncier

Concessions de terres domaniales

Les terres du Cameroun sont loin d'être toutes appropriées. La notion même de la propriété, individuelle ou collective, mais surtout individuelle, échappe encore à la majeure partie de la population. N'oublions pas, d'autre part, que le pays, grand comme les quatre cinquièmes de la France, n'a que deux millions d'habitants, soit beaucoup moins qu'il n'en pourrait nourrir. Cette remarque liminaire expliquera suffisamment l'existence de terres vacantes.

Il est pourtant un certain nombre de propriétés véritables soumises aux règles du Code civil. Ce sont principalement d'anciens bien allemands vendus, après adjudication, à des Européens ou à des indigènes; ce peuvent être encore des concessions dont les titulaires ont obtenu définitivement l'attribution. Si le colon tient à se garantir sans conditions un établissement immédiat, il devra s'aboucher avec un propriétaire. Il s'agira surtout, en pareil cas, de terrains urbains situés soit à Douala, soit ailleurs, et le prix, de toutes façons, des biens fonciers, bâtis ou cultivés, sera élevé. Le vendeur pourra être l'Administration qui, parfois, met en adjudication les immeubles qui lui sont inutiles.

Un autre moyen d'entrer en possession de biens fonciers consiste à se faire céder, par un indigène ou par une collectivité indigène, le droit *sui generis* mais exclusif que cet indigène ou cette collectivité peut avoir sur la terre. Cette propriété indigène, fort originale puisqu'elle échappe au droit français, est encore mal définie, guère cohérente et, par rapport à l'étendue du territoire, peu répandue. C'est à Douala, dont les faubourgs avaient été répartis entre les familles indigènes par l'administration allemande, et dans la région du cacao (vallée de la Dibamba, du Wouri et de l'Abo) que l'on se trouve en présence de ces sortes de propriétaires. Il y aura parfois intérêt à transiger avec eux, mais l'aliénation temporaire ou définitive, une fois conclue par les parties, devra recevoir l'approbation du Commissaire de la République. Notons, du reste, que les détenteurs apprennent rapidement la valeur de leur bien et qu'il ne faut point compter les duper. Si le terrain est acheté par le colon, celui-ci en deviendra possesseur exclusif mais non incontestable, son droit ne pouvant d'ailleurs être ni prescrit, ni hypothéqué, ni grevé d'aucun droit réel défini par le Code civil.

Restent les aliénations domaniales. L'Administration concède, selon des règles que nous ne tarderons pas à préciser, toutes les terres vacantes et sans maître et, au même titre, les terrains assez étendus sur lesquels les indigènes ont un droit d'usage. En tout état de cause, la procédure de concession aboutira soit à la définition des droits des indigènes, soit plus généralement à la purge de ces droits. Le résultat de cette seconde méthode, dont l'avantage est évident, sera que le concessionnaire deviendra seul maître chez lui.

Par simplification, on distingue les concessions urbaines et les concessions rurales.

Dans les centres urbains classés, les terrains ne sont concédés qu'après établissement d'un plan de lotissement et élaboration d'un cahier des charges comportant notamment l'obligation de construire. Les terrains sont mis en adjudication au fur et à mesure des demandes particulières. L'adjudicataire est envoyé en possession, par arrêté du Commissaire de la République, et devient concessionnaire provisoire. Ce n'est qu'après la mise en valeur de son lot — telle qu'elle est décrite au cahier des charges — et paiement intégral du prix d'adjudication qu'il peut solliciter le titre définitif, également décerné par arrêté, qui le rendra propriétaire incommutable.

Jusqu'à présent, l'Administration n'a loti que les centres urbains de Douala, Mbanga, Nkongsamba, Eséka, Yaoundé, Garoua et Edea. Dans les autres centres, on se contente, contre versement d'un loyer annuel, d'attribuer, à titre précaire et révocable, des lots de médiocre étendue. En fait, ce procédé convient à la plupart des centres où le commerce, tout en étant actif, ne justifierait pas de trop importantes mises de fonds.

Celui qui désire obtenir une concession rurale doit commencer par choisir le terrain qui lui convient. Il en établit le plan et le joint à une simple demande qu'il adresse au Commissaire de la République. Suit une procédure d'instruction qui a pour objet de révéler, d'une part, les droits éventuels des indigènes, d'autre part, les oppositions ou déclarations de concurrence de toute personne. S'il n'y a eu aucune déclaration de concurrence, le terrain est attribué au demandeur ; au cas contraire, on procède à une adjudication. De toutes manières, le résultat de la procédure est ratifié par arrêté du Commissaire de la République. Le prix de concession est payable par annuités, — six au maximum — sans préjudice des indemnités qui peuvent être dues aux indigènes en compensation de leurs droits annulés.

On distingue, un peu arbitrairement, les terrains en trois catégories, selon la destination que les demandeurs comptent donner à leurs exploitations (élevage, cultures vivrières, cultures riches). Les seuls terrains d'élevage présentent cette particularité d'être donnés à bail, l'obligation de placer un certain nombre de têtes de bétail sur le terrains constituant la clause essentielle du bail.

La mise en valeur effectuée selon les termes du cahier des charges ouvre le droit pour le concessionnaire provisoire d'obtenir son titre définitif de concession. Il devient, dès lors, propriétaire au même titre que le concessionnaire urbain.

Notons que les concessions supérieures à mille hectares doivent être accordées par le Président de la République, après avis de la Commission des concessions coloniales ; cette manière de faire n'exclut pas du reste l'instruction sur place qui, même en pareil cas, est confiée à l'Administration locale.

Disons, en terminant, que des permis d'occuper peuvent être accordés sur le domaine public, à titre essentiellement précaire. Le domaine public, au Cameroun, est d'ailleurs assez étendu puisqu'il comprend une zone de 100 mètres le long de la mer et de 25 mètres le long des rivières navigables ou flottables.

2° Régime forestier

Un décret du 8 mars 1926, complété par un arrêté d'application du 5 juin 1926, a définitivement mis au point la législation applicable en matière forestière. Ce texte pose, en principe, que l'exploitation des forêts est subordonné à l'octroi préalable d'un permis.

Les permis d'exploitation forestière comprennent :

1° Des permis de chantier ;

2° Des permis de coupe ordinaire;

3° Des permis de coupe industrielle;

4° Des permis de coupe spéciaux pour l'ébène et pour le rotin.

Le permis de chantier s'applique à des lots de 10 à 100 hectares, ayant la forme générale d'un carré. Il est délivré pour un an et peut être renouvelé d'année en année pendant une période totale de dix ans, si le titulaire s'est conformé aux règles générales d'exploitation,

Un seul chantier peut être accordé au même exploitant.

Le permis de coupe ordinaire s'applique à des lots d'une superficie de 2.500 hectares affectant la forme générale d'un carré de 5 kilomètres de côté. Il est délivré pour un an et peut être renouvelé d'année en année pendant une période de dix ans.

Chaque exploitant ne peut obtenir au maximum que deux coupes de 2.500 hectares. Ces coupes peuvent être contiguës ou non contiguës et être situées ou non en bordure d'une voie d'évacuation, cours d'eau, route ou voie ferrée.

L'exploitant d'une coupe qui justifie de l'installation sur cette coupe d'une voie ferrée ou d'un câble aérien d'au moins 5 kilomètres, acquiert le droit d'obtenir une nouvelle coupe de 2.500 hectares attenante à la coupe principale.

Chaque exploitant peut ainsi obtenir le droit de coupe sur une superficie maxima de 10.000 hectares, se répartissant en deux coupes principales et deux coupes secondaires, s'il justifie avoir à établir sur chacune des deux premières au moins 5 kilomètres de voie ferrée ou de câble aérien.

Le permis de coupe industrielle s'applique à des lots d'une superficie supérieure à 5.000 hectares. Ces permis, d'une durée de trente ans, peuvent être accordés à tout Européen ou société domiciliée au Cameroun, qui s'engage à exploiter industriellement les produits des forêts (bois ouvrés, traverses de chemins de fer, cellulose, résine, fibres, etc.).

Jusqu'à 10.000 hectares, les lots sont accordés par arrêté du Commissaire de la République. Les lots supérieurs à 10.000 hectares sont attribués par décret.

La demande d'une autorisation d'explorer doit contenir les nom, prénoms, profession, demeure du requérant et être accompagnée :

1° D'un croquis indiquant les limites de la zone à explorer;

2° D'un récépissé constatant le versement, à la caisse du Trésor, d'une somme forfaitaire de 500 francs.

Les permis de coupe pour le rotin sont accordés dans les portions de forêt où cette plante, du fait de sa densité, peut être exploitée industriellement, sans préjudice pour les indigènes usagers. La procédure suivie est analogue à celle des permis de coupes ordinaires.

Quant à l'ébène, les chefs de circonscription peuvent délivrer des permis de coupe spéciaux pour des quantités égales ou inférieures à 20 tonnes.

La demande et les documents y annexés doivent être adressés au chef de la circonscription intéressée, qui les transmet avec son avis au Commissaire de la République.

L'autorisation d'explorer ne donne à son titulaire le droit d'abattre aucun arbre, mais simplement celui de recueillir des échantillons et de procéder au débroussement pour les cheminements et les reconnaissances.

Les permis d'exploitation peuvent être demandés soit après avoir obtenu l'autorisation d'explorer, soit directement, sans reconnaissance préalable de la forêt.

La demande d'un permis d'exploitation doit contenir :

1° Nom et prénoms du demandeur, profession, demeure (ou siège social s'il s'agit d'une société) ;

2° Une déclaration d'élection de domicile dans un centre administratif de la Colonie ;

3° L'engagement d'observer les dispositions de la réglementation forestière en vigueur.

A cette demande doivent être joints :

1° Un croquis à l'échelle du 1/10.000e au 1/25.000e en triple expédition, donnant la situation, les limites et la superficie du lot à exploiter, avec des points de repère reconnus topographiquement ;

2° Un extrait du certificat de dépôt de marque au greffe du Tribunal de première instance ; sur cet extrait, doit figurer un fac-similé grandeur naturelle ;

3° Un récépissé constatant le versement, à la caisse du Trésor ou à celle de l'agent spécial de la circonscription où est situé le lot, de la redevance territoriale due pour la première annuité.

Toute bille sortant d'un chantier ou d'une coupe doit porter la marque prévue et être accompagnée de la souche du carnet forestier.

Tout exploitant de chantier ou de coupe (exception faite des coupes d'ébène dont les périmètres ne seront pas déterminés) est soumis au paiement d'une redevance territoriale annuelle, payable d'avance, calculée à raison de 1 franc par hectare.

Il est soumis, en outre, au paiement préalable, à la sortie du lieu de l'exploitation, d'une taxe d'abatage de :

a) 90 francs par arbre pour les acajous divers, le moabi, le makoré, le zingana (demi-deuil), le bois de rose, bubinga, les noyers du Gabon, kovazingo ;

b) 45 francs par arbre pour l'iroko, niové, douka ;

c) 30 francs par arbre pour le padouk, bilinga, fraké, avodiré, ayous ;

d) 20 francs par arbre pour tous les autres bois d'industrie, exception faite de ceux qui seront destinés à la pâte à papier ou autres industries chimiques ;

e) 40 francs par tonne d'ébène et 10 francs par tonne de rotin.

Tout exploitant doit tenir un carnet d'attachement portant son nom et le lieu de l'exploitation, sur lequel sont inscrits pour chaque arbre abattu :

1° La date de l'abatage ;

2° Le numéro de l'arbre ;

3° L'essence ou le nom indigène de l'arbre ;

4° Le diamètre à la base d'abatage et la longueur du fût de l'arbre abattu ;

5° Le nombre et le numéro des billes fournies par l'arbre et leurs dimensions ;

6° La date de l'évacuation des bois.

Il doit également tenir un carnet à souche, dit carnet forestier, sur lequel sont inscrits, tant au talon que sur la souche, pour chaque bille évacuée : le numéro et l'essence ou le nom indigène de l'arbre ; le numéro, le diamètre, la longueur et le cubage de la bille ; le nom de l'exploitant et, le cas échéant, celui de l'acheteur ; la date d'évacuation de la bille ; le lieu de l'exploitation et le lieu de destination. Il garde les talons, les souches du carnet devant être présentées à l'agent du contrôle. Ces carnets sont cotés et paraphés par le chef de la circonscription du lieu de l'exploitation.

Il est interdit d'abattre et partant d'évacuer les arbres qui n'auraient pas les dimensions indiquées au tableau annexé ci-après :

L'abatage des essences suivantes est interdit : Atanga (*Pachy-*

lobus Edulis) ; arbres laticifères divers (*Hevea brasiliensis, ficus elastica, funtumia elastica,* etc.) ; kolatiers, oba (*Irvingia gabonensis*) ; ovala (*Pentaclethra macrophylla*) ; palmiers à huile (*Elaeis*) ; rôniers (*Borassus*), Njabi (*Mimusops djave*) ; copaliers (*Copaifera*).

Il est interdit de débrousser et de défricher les terrains ci-après :

1° Les versants des montagnes et des coteaux offrant un angle de 350° et au-dessus ;

2° Les terrains désignés par arrêté motivé du Commissaire de la République.

Les indigènes continuent à exercer dans les bois et forêts du domaine leurs droits d'usage (marronnage, affouage, pâturage, chasse, jardinage, etc.).

Les palmiers et autres plantes dont les récoltes appartiennent traditionnellement aux collectivités indigènes continuent à pouvoir être exploités commercialement par elles, sauf les permis de coupe spéciaux au rotin.

La coupe des bois inutilisables pour un autre usage que le chauffage est autorisée dans toutes les forêts domaniales au Cameroun, y compris les lots qui ont fait l'objet d'un permis d'exploitation. Cette coupe est faite de façon à ne pas entraver les travaux de l'exploitant, mais elle n'ouvre, en faveur de celui-ci, le droit à aucune compensation, ni indemnité.

Le repeuplement est assuré par les soins du Service forestier aux frais des exploitants, astreints à un versement de 10 francs pour chacun des arbres énumérés aux catégories *a, b, c* de l'article 23.

L'exploitant est tenu de joindre à la demande de renouvellement du permis d'exploitation dont il est titulaire un certificat de versement de la taxe de repeuplement, délivré par le chef de circonscription du lieu de l'exploitation, après présentation du carnet d'attachement.

Toutefois, l'exploitant qui, au versement spécifié ci-dessus, désirerait substituer des plantations d'essences caoutchoutières, de palmiers à huile, de cacaoyers, de caféiers, de kolatiers ou de cocotiers, devra le faire connaître dans sa demande initiale ou de renouvellement. Le nombre d'arbres de ces essences à replanter devra être égal à cinq fois le nombre des arbres abattus.

Il pourra solliciter à cet effet, dans les conditions imposées par l'arrêté sur les concessions domaniales, un terrain d'une superficie susceptible de contenir un nombre de pieds égal au quintuple des arbres abattus, lequel terrain pourra se trouver en dehors du chantier exploité.

L'exploitant déclarant vouloir faire des plantations sera néanmoins tenu de déposer un cautionnement correspondant à la taxe de repeuplement prévue. Ce cautionnement sera rendu à l'exploitant après constatation de la mise en valeur de la plantation.

En cas de non exécution de ces conditions, la somme déposée en cautionnement sera acquise au territoire.

3° Forces hydrauliques

L'arrêté du 15 septembre 1921 a réglementé l'utilisation des forces hydrauliques au Cameroun.

Aucun travail ne peut être exécuté dans le lit et les rives d'un cours d'eau sans l'autorisation de l'Administration.

La faculté de dériver les eaux du domaine public, de les utiliser à la production de la force motrice, ne peut être accordée aux particuliers que par des arrêtés du Commissaire de la République.

Les demandes sont introduites dans la forme fixée par l'arrêté du 15 septembre 1921, sur l'occupation du domaine public.

Les arrêtés de concessions déterminent :

1° Le volume d'eau concédé ;

2° Le taux de la redevance ;

3° Le mode de puisage ou les dispositions techniques des ouvrages de la prise d'eau, notamment la hauteur du barrage, le niveau de la retenue, etc.

Les eaux du domaine public peuvent faire l'objet de concessions ne dépassant pas cinquante années.

Tableau annexé à l'arrêté sur le régime forestier fixant les dimensions minima d'abatage des arbres. Diamètre pris à la base d'abatage.

NOM USUEL	NOM SCIENTIFIQUE	DIAMETRE MINIMUM exploitable
		m.
Abomé	*Berlina* sp.	0 40
Acajou	*Entendrophragna khaya, guerea* divers	0 80
Alep	*Desbordesia* sp.	0 60
Angueuek	*Ongokea klaineana*	0 90
Assas	*Dridelia speciosa*	0 40
Atanga	*Pachylobus edulis*	Abatage interdit
Avodiré	*Turreanthus africanis*	0 80
Azobé	*Lophira procera*	0 40
Bahia	*Mitragyne macrophylla*	0 40
Bilinga	*Sarcocephalus trillessi*	0 60
Boango	*Aviscennia nitida*	0 40
Bobai	*Afzelia africana*	0 60
Bokoka	Ind.	0 40
Bokobola	*Piptadenia* sp.	0 40
Bombala	*Dialium macranthum*	0 40
Bongélé	*Sterculia oblonga*	0 40
Bopé	*Carapa microcorpa*	0 40
Bossipi	*Oxystigma mannii*	0 40
Bubinga	*Brachystegia* sp.	0 60
Caoutchoucs divers	*Funtumia* divers, *ficus elastica hevea brasiliensis*, etc.	Abatage interdit
Cocotiers	*Cocos nucifera*	—
Colatiers	*Cola ballayi*	—
Canarium	*Canarium volutinum*	0 60
Copalier	*Copaifera arnoldiana*	Abatage interdit
Corynanthe du Gabon	*Cynanthe gabonensis*	0 40
Coula	*coula odulis*	0 40
Daniella	*Daniella* sp.	0 60
Demi-deuil	*Dispyros agregata*	0 50
Douka	*Dumoria africana*	0 80
Ebène	*Diospiros* divers	0 40
Ebiara	*Berlinia bracteosa*	0 60
Ebornzok	Ind.	0 60
Ekoune	Ind.	0 60
Emion	*Alstonia congensis*	0 40
Essac	Ind.	0 40
Essessang	*Ricinodendron africanus*	0 20
Essoulé	*Berlinia* sp.	0 40
Essoum	*Secrodophlus zenkeri*	0 40
Eveuss	*Klaine doxa latifolia*	0 60
Evino	*Vitex pachyphylla*	0 60
Ewoui	*Rauwolfia* sp.	0 40
Eyec	Ind.	0 40
Fraké	*Terminalia altissima*	0 50
Fromager	*Ceiba pentandra*	Toutes dimensions
Guttier du Gabon	*Haronga paniculata*	0 40
Ilimba	*Pycahthus kombo*	0 30
Iroko	*Chlorophora excelsa*	0 80
Kandida	*Pendadesma leptonema*	0 40
Kamba	*Lavalleopsis densivenia*	0 40

NOM USUEL	NOM SCIENTIFIQUE	DIAMETRE MINIMUM exploitable
—	—	—
		m.
Kevazingo	*Didelotia africana*	0 60
Mbébamo	*Chrysophyllum* sp.	0 60
Mfan	Ind.	0 40
Niama	*Calpocaliyxe klaine*	0 60
Moabi	*Mimusops Njave* ou *Bainnonella toxis perma*	Abatage interdit sauf autorisation spéciale
Moambé jaune	*Enantia chlorantha*	0 40
Movingui	*Disthemomanthus benthamianus*	0 50
Mvomé	*Xylopia striata*	0 40
Niové	Staudtia gabonensis	0 40
Oba	*Irvingia gabonensis*	Abatage interdit
Obero	Ind.	0 20
Odienejé	*Odeyendyea gabonensis*	0 40
Okip	*Klainedoxa* sp.	0 40
Okoumé	*Okoumea klaineana*	0 60
Olon	*Fagara mecrophylla*	0 40
Olonvogo du Cameroun	*Sorindeia ochracea*	0 40
Onzabili	*antrocaryon klaineanum*	0 80
Ovala	*Pentachlethra macrophylla*	Abatage interdit
Ossinialé	*Piptadenia* sp.	0 60
Ossoko	*Scyphocephalium ochocoa*	0 60
Ossongo	*Anthestema aubryanium*	0 40
Ovanda	*Panda oleosa*	0 50
Ovoga	*Poga oleosa*	0 80
Oyemvomé	*Strombosopsis tetrandra*	0 40
Ozigo	*Pachylobus buttneri*	0 80
Ozouga	*Saccoglottis gabonensis*	0 90
Padouk	*Pterocarpus soyauxi*	0 70
Palétuvier	*Rhiophora mangle racomosa*	0 30
Palmier à huile	*Eloeis guineensis*	Abatage interdit
Parasolier	*Musanga smithii*	Toutes dimensions
Pindja	*Hylodendron gabonensis*	0 40
Rikio	*Uapaca* sp.	0 40
Rone	Ind.	0 40
Rônier	*Borassus flabellifer*	Abatage interdit
Sagne	*Corynanthe brachythyrsus*	0 40
Samba ou Ayous	*Triploction seleroxylon*	0 40
Sousinia	Ind.	0 40
Tali	*Erythrophleum guienensis*	0 60
Tsoumbou	*Piptandenia* sp.	0 60
Tulipier du Gabon	*Spathodea campanulata*	0 40
Yohimbé	*Corynanthe Yohimbé*	0 40
Autres essences		Abatage libre

4° Législation minière

Le décret du 23 octobre 1920 a rendu applicable au Cameroun les dispositions des décrets des 6 juillet 1899, 4 août 1901, 19 mars 1905, 28 juillet 1918 et 21 février 1924, réglementant les mines dans les colonies ou pays de protectorat de l'Afrique continentale autres que l'Algérie et la Tunisie.

Nous donnons les principales dispositions de ces actes concernant la procédure des demandes d'exploration, de recherches et d'exploitation.

Les gîtes naturels de substances minérales sont classés relativement à leur régime légal en mines et carrières.

Sont considérés comme carrières les matériaux de construction et les amendements pour la culture des terres, à l'exception des nitrates et sels associés, ainsi que des phosphates.

Sont considérés comme mines, les gîtes de toutes substances minérales susceptibles d'une utilisation industrielle qui ne sont pas classés dans les carrières.

On peut acquérir sur les mines, dans un périmètre déterminé, un droit exclusif d'explorer, de rechercher ou d'exploiter.

Dans les régions ouvertes à l'exploitation en vertu d'arrêté du Commissaire de la République, il ne peut être acquis que des droits de recherche ou d'exploitation.

Dans les autres régions, il ne peut être procédé qu'à des explorations.

Nulle personne, nulle société ne peut entreprendre ou poursuivre en son nom des explorations, des recherches ou une exploitation sans une autorisation personnelle délivrée par le Commissaire de la République, laquelle n'est pas transmissible et, au cas de succession à un titre quelconque, doit être renouvelé au profit de l'ayant-droit.

Les indigènes conservent leur droit coutumier d'exploiter les gîtes superficiels d'or et de sel, jusqu'à la profondeur à laquelle ils peuvent atteindre avec leurs procédés actuels.

Nul permis d'exploration, de recherche et d'exploitation ne peut donner droit d'entraver ces travaux.

Des explorations. — Les explorations ne peuvent avoir lieu en régions non ouvertes à l'exploitation que moyennant un permis spécial délivré par le Commissaire de la République.

La demande fait connaître, avec croquis ou carte à l'appui, les limites et l'étendue de la région sollicitée.

Elle n'est recevable que si elle est accompagnée du versement d'une somme de cinq centimes (0 fr. 05) par hectare de la dite étendue.

Le permis d'exploration donne le droit d'effectuer tous travaux de fouille, de sondages et de reconnaissance de toutes mines dans l'étendue de la région à laquelle elle s'applique.

Le permis d'exploration est valable pour deux ans ; il ne peut être prorogé, ni être cédé.

En fait, lés seules circonscriptions de Dschang et de Douala ont été ouvertes à l'exploitation. Partout ailleurs, l'obtention préalable d'un permis d'exploration serait donc nécessaire pour solliciter un permis de recherches.

Des permis de recherches. — Les recherches ne peuvent avoir lieu qu'en vertu d'un permis délivré à la priorité de la demande.

Le permis donne le droit exclusif de faire tous travaux de fouille, de sondages dans l'étendue d'un cercle de 5 kilomètres de rayon au plus, tracé d'un centre qui doit être rattaché à un point géographique défini d'une façon précise, tant dans la demande que dans le croquis qui doit lui être joint.

Avec sa demande en permis de recherches, l'intéressé doit déposer une somme calculée à raison de : 10 centimes par hectare jusqu'à 1.000 hectares ; 20 centimes par hectare jusqu'à 5.000 hectares ; 40 centimes par hectare au-dessus.

Dans la recherche et l'exploitation de l'or et des gemmes par dragages, dans le lit des fleuves et rivières, le périmètre de recherches, d'une étendue de 8.000 hectares au plus, est constitué, non plus par un cercle, mais par deux lignes, droites ou polygonales, parallèles à l'axe moyen du cours d'eau, distantes de cet axe de 100 mètres au moins de chaque côté, et par deux normales à l'axe du cours d'eau.

Le permis de recherches peut être cédé à toute personne ou société munie de l'autorisation.

Une même personne ou une même société peut obtenir simultanément deux périmètres de recherches dont les centres seraient à une distance moindre que le double de la somme des rayons des périmètres, sans qu'aucun rayon de périmètre puisse être inférieur à 500 mètres.

Par dérogation à cette prescription, une même personne peut détenir simultanément des périmètres de recherches contigus, quand il s'agit de recherches dans le lit des rivières et des fleuves.

Des permis d'exploitation. — L'exploitation des mines ne peut avoir lieu qu'en vertu d'un permis délivré par le Commissaire de la République.

Aucun permis d'exploitation ne peut prévaloir contre un permis de recherches ou d'exploitation antérieurement octroyé.

Le permis d'exploitation donne le droit de faire, au fond et au jour, tous travaux et tous établissements nécessaires à l'exploitation de la mine et au traitement de ses produits dans un périmètre de forme rectangulaire d'une étendue de 24 hectares au moins et de 800 hectares au plus pour l'or et les gemmes, et de 2.500 hectares pour toutes autres substances, le petit côté du rectangle n'étant pas inférieur au quart du grand.

Pour l'exploitation par dragages dans le lit des rivières, le périmètre d'exploitation, d'une étendue de 24 hectares au moins et de 800 hectares au plus, est constitué par deux lignes droites ou polygonales, parallèles à l'axe moyen du cours d'eau, distantes de cet axe de 100 mètres au moins de chaque côté, et par deux normales à cet axe.

A la demande en permis d'exploitation doit être joint un croquis indiquant l'orientation et la position du périmètre demandé par rapport à un point géographique défini d'une façon précise.

La demande, pour être recevable, doit être accompagnée du versement d'une somme calculée à raison de 2 francs par hectare de terrain compris dans le périmètre pour les permis d'or et de gemmes et de 1 franc pour les permis de toutes autres substances.

Le permis d'exploitation est accordé pour vingt-cinq ans. Il peut être renouvelé dans les mêmes formes et pour la même durée.

Il peut être cédé à toute personne ou société munie de l'autorisation.

Aucune expédition d'or ou de gemmes ne pourra être faite par un permissionnaire d'exploitation de ces substances sans être accompagnée d'un laisser-passer détaché d'un registre à souche tenu par le dit permissionnaire. Ce laisser-passer indique les noms de l'expéditeur, du destinataire et du transporteur, la date de l'expédition, l'itinéraire qui doit être suivi et le poids et la nature de la substance transportée.

Il est dû sur la valeur, au lieu d'extraction des minerais, un droit qui ne peut excéder 5 %.

5° Les Pétroles

Le décret du 5 mars 1921 réglemente la recherche et l'exploitation des pétroles au Cameroun, et l'arrêté du 13 juillet 1921 en détermine les conditions d'application.

L'article 4 du décret du 6 juillet 1899 : « Sont considérés comme « mines, les gîtes de toutes substances minérales susceptibles « d'une utilisation industrielle qui ne sont pas classés dans les

« carrières », est complété ainsi : « Les matières dont les gîtes sont « considérés comme mines sont classées en deux catégories :

« 1° Hydrocarbures liquides et gazeux ;

« 2° Toutes autres substances minérales. »

Le permis de recherches est valable pour deux années. Il est renouvelable à deux reprises successives pour une période de deux ans chaque fois, sous les conditions suivantes : le permissionnaire devra justifier d'avoir effectivement, par groupe comprenant au plus dix périmètres contigus ou non, dépensé sur place en frais d'études, de matériel de travaux d'accès, une somme de 200.000 francs au minimum par période de deux ans, ou exécuté des sondages présentant une longueur cumulée de 200 mètres à la fin de la deuxième année et de 600 mètres à la fin de la quatrième année, étant stipulé que seuls les sondages ayant une profondeur d'au moins 50 mètres entreront en compte dans le calcul des profondeurs.

La somme à payer par le demandeur, à l'appui de sa demande de permis ou de renouvellement de permis, est fixée par hectare à 20 centimes pour la première période de deux ans, à 25 centimes pour la deuxième, à 30 centimes pour la troisième.

La superficie de chaque périmètre de recherches peut atteindre 5.000 hectares, sans pouvoir être inférieure à 1.000 hectares. Le périmètre a la forme d'un rectangle dont les côtés sont orientés Nord-Sud et Est-Ouest, le petit côté n'étant pas inférieur au quart du grand.

Le périmètre d'exploitation doit avoir la forme d'un rectangle dont les côtés sont orientés Nord-Sud et Est-Ouest. Sa superficie peut atteindre 5.000 hectares et ne peut être inférieure à 200 hectares.

Le permis d'exploitation est valable pour une période de cinquante années à partir de la date de son institution. A l'expiration, il est renouvelable aux mêmes conditions par période de vingt-cinq années, à la condition que le permissionnaire justifie avoir extrait dans son périmètre, pendant les cinq dernières années, une moyenne journalière de 10.000 litres d'hydrocarbure liquide ou de 100.000 mètres cubes d'hydrocarbure gazeux.

Permis de recherches. — Toute demande de permis de recherches, indépendamment des justifications exigées pour les recherches minières, doit être accompagnée d'un croquis au 1/20.000e, signé par le demandeur et indiquant l'orientation, la position et les limites du périmètre, avec rattachement des sommets à des points géodésiques ou à des points géographiques définis d'une manière précise (localités importantes, confluents de cours d'eau, etc.). Ces sommets devront être et rester signalés à la surface, pendant la durée de la validité du permis, par des poteaux munis d'écriteaux portant lisiblement le nom du titulaire du permis, les numéros et dates du permis.

Le titulaire de permis de recherches doit tenir, par périmètre, ou par groupe de périmètre, un registre coté et parafé par l'autorité administrative, faisant ressortir mensuellement :

1° Toutes les dépenses en personnel, installations, travaux de recherches, etc. ;

2° L'état d'avancement des travaux (forage de puits, etc.) ;

3° Le relevé des quantités extraites.

Tout détenteur de permis de recherches doit tenir par périmètre ou par groupe de dix périmètres au maximum, un registre coté et parafé, dit « registre d'extraction », qui indiquera par jour la quantité, exprimée en litres, des produits extraits et leur nature.

Il doit également, dans les mêmes conditions, tenir un registre à souche, coté et parafé, dit « registre des sorties ». Le volant détaché du dit registre constituera laisser-passer.

Permis d'exploitation. — La demande de permis d'exploitation doit être accompagnée : du plan ou des plans du ou des périmètres de recherches précédemment accordés au demandeur et, le cas échéant, du plan des périmètres voisins sur lesquels le périmètre d'exploitation sollicité viendrait à empiéter. Au cas d'empiètement, l'acquiescement formel des tiers intéressés doit être établi par toutes preuves de droit commun ; ces plans, signés du pétitionnaire et établis au 1/10.000e, indiquent l'orientation, la position et les limites du périmètre, suivant les prescriptions pour les permis de recherches.

Sur ces plans doivent être marqués les emplacements des puits.

Du registre et des pièces justificatives dont la tenue est prescrite ci-dessus.

D'un rapport technique, émané du demandeur ou approuvé par lui, rapport établissant que l'exploitation industrielle est immédiatement réalisable.

De la désignation du représentant qualifié appelé à résider, au cas où le demandeur n'aurait pas l'intention de résider lui-même.

• Le détenteur d'un permis d'exploitation doit tenir un registre coté et parafé, dit « registre d'extraction » et destiné à l'enregistrement quotidien des quantités extraites.

Il tiendra également un registre à souche coté et parafé, dit « registre des sorties ». Le volant constituera laisser-passer.

Si le transport des hydrocarbures extraits sur un ou plusieurs périmètres est assuré au moyen d'une conduite (pipeline), l'installation devra être réalisée de telle manière que le contrôle des quantités, au départ et à l'arrivée, puisse être exercé.

Il sera tenu, au point de départ et au point d'aboutissement, un registre indiquant par journée de vingt-quatre heures les quantités acheminées et les quantités reçues.

Indépendamment du droit de 5% *ad valorem* à acquitter, l'exploitant est assujetti, dès la date de délivrance du permis, au paiement des patentes prévues par les règlements sur la matière.

Le contrôle des employés, ouvriers, manœuvres, doit être tenu à jour et présenté à toute réquisition de l'Administration.

Les indigènes conservent leurs droits d'usage sur les terrains domaniaux couverts par les périmètres de recherches ou d'exploitation.

Toutes correspondances concernant la recherche et l'exploitation des hydrocarbures liquides ou gazeux doivent être adressées au Commissaire de la République, sous le timbre : « Service de l'Administration générale et des Affaires économiques. »

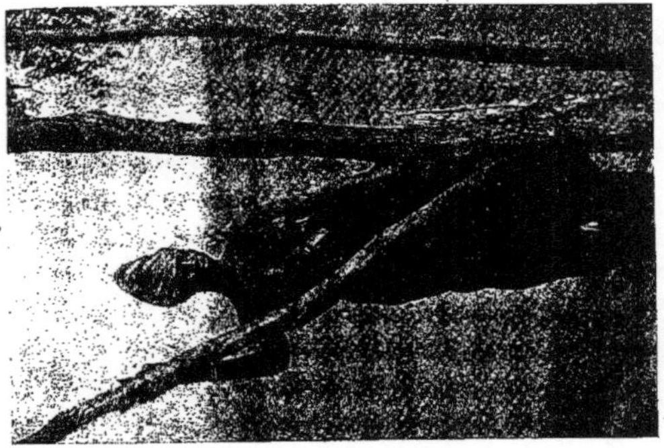

Fig. 22. — Type de femme Foulbé

Fig. 23. — Saignée de funtumia

CHAPITRE IX

AGRICULTURE. — ÉLEVAGE. — FORÊTS. — MAIN-D'ŒUVRE. — TRAVAIL PRODUCTION DU SOL

Cultures vivrières indigènes. — Cultures vivrières européennes. — Zone de la forêt. — Les ressources du plateau central et du Cameroun septentrional. — L'élevage. — Forêts. — La main-d'œuvre. — L'enseignement professionnel.

Production du sol

Le Cameroun se divise en deux zones : la zone de la forêt et la zone des savanes.

La première zone s'étend sur toute la partie sud du territoire ; elle comprend quinze millions d'hectares environ. La seconde occupe tout le reste du pays.

La forêt est un vaste réservoir de produits naturels d'exportation ; c'est la seule sur laquelle l'effort de mise en valeur ait réellement porté jusqu'à présent. Elle est extrêmement riche et son sol est d'une extraordinaire fertilité.

Parmi ses produits naturels, il faut citer :

1° L'huile et les amandes de palme ;

2° Le caoutchouc ;

3° La gomme copal ;

4° Les bois, variés de qualité et d'essence, dont l'inventaire a été effectué par des missions forestières coloniales, envoyées par les Ministères des Colonies, de la Guerre, de l'Armement, et par le Consortium des grands réseaux de chemins de fer de la Métropole ;

5° Le cocotier, sur la côte, mais en quantité actuellement insuffisante pour alimenter en coprah un commerce suivi ;

6° Le raphia ;

7° Le rotin ;
8° Les tannants.

Cultures vivrières indigènes

Les principales cultures vivrières sont, dans la forêt : la banane, le macabo, qui sont la base de la nourriture indigène ; le manioc, l'igname, la patate, le maïs, l'arachide, le voandzou, les haricots, le riz, les courges, le gombo.

Dans la zone des savanes, les tubercules disparaissent peu à peu. L'igname se rencontre encore un peu avec la patate, mais les haricots deviennent plus abondants, avec les arachides. Le maïs, le mil, le sorgho forment la base de la nourriture. Le sésame rentre dans la préparation d'un grand nombre de mets indigènes. On en extrait aussi de l'huile qui fait l'objet de quelques transactions locales.

La culture du riz était peu connue ; on trouvait quelques rizières sur les rives de la Bénoué et du Logone.

En 1921, l'Administration a entrepris de répandre cette culture et les indigènes s'y sont adonnés avec empressement.

En 1925, la circonscription de Yaoundé a produit 900 tonnes de paddy ; celle d'Ebolowa 300 tonnes environ.

L'Européen n'a aucun intérêt à se livrer aux cultures vivrières, sauf à celles des produits que peuvent consommer les travailleurs qu'il emploie, notamment la banane, dont la culture exige peu de main-d'œuvre.

Cultures vivrières européennes

La culture des plantes potagères, pratiquée dans les jardins particuliers, a été tentée plus en grand au Cameroun par quelques Européens, qui assurent le ravitaillement de Douala et des autres centres.

En outre, des indigènes dressés à cette culture ont obtenu des champs de pommes de terre, de haricots et d'oignons.

Les plantes d'Europe viennent difficilement sous le climat chaud et humide de la forêt. Durant la saison des pluies, malgré la hauteur donnée aux « planches », la plante meurt parfois, s'étiole toujours, sous les pluies trop abondantes. Pendant la saison sèche, si courte, certains légumes viennent assez bien, si on les protège contre le soleil.

On peut obtenir de beaux résultats, mais on n'acclimate pas la plante.

Dans la région des hauts plateaux, au contraire, toutes les cultures sont possibles. Les légumes viennent bien dans les circonscriptions de Dschang, Yaoundé et Ebolowa. Mais la distance, pour les deux dernières, ne permet que la culture des produits pouvant supporter un long transport, comme les pommes de terre et les haricots.

Dans la zone maritime, en prenant les précautions voulues contre le soleil, on obtient les produits suivants : le radis, le haricot, la tomate, l'aubergine, la scarole, le cresson, le persil et le cerfeuil.

Les régions de Dschang et de Yaoundé sont particulièrement favorables pour les légumes. On peut y cultiver les choux, les carottes, la betterave, les petits pois, toutes les salades, le céleri, etc., etc. On y obtient d'excellentes fraises. La pomme de terre y est remarquable. A la ferme de Mvogo-Betsi on a même obtenu de belles asperges.

L'Agriculture

Les anciens occupants du Cameroun avaient recruté sans mesure la main-d'œuvre nécessaire aux travaux, au service des grandes plantations européennes. Les indigènes avaient eux-mêmes entrepris, dans la zone forestière, des cultures industrielles. Peu à peu la récolte des produits alimentaires devint insuffisante, et des mesures furent nécessaires pour ramener la population aux cultures vivrières. Actuellement, la situation est redevenue satisfaisante, et les travailleurs des centres peuvent se ravitailler sur les marchés.

La culture industrielle du manioc, en vue de l'extraction de la fécule et de sa transformation en tapioca, serait très intéressante. Elle sera conseillée aux indigènes, si le commerce d'exportation s'intéresse à ce produit.

L'agriculture comprend au Cameroun, comme dans tous les pays de la zone équatoriale, les cultures dites riches pour l'exportation et les cultures ordinaires, soit pour la consommation, soit pour l'exportation en vue d'utilisation industrielle.

Pour les cultures riches, représentées dans le territoire à peu près exclusivement par le cacao et le tabac, l'expérience déjà faite sur place avant l'occupation française, comme celle réalisée dans les pays voisins et dans les pays de même latitude, a permis aux planteurs sérieux de reprendre sans difficultés techniques les exploitations abandonnées depuis la guerre ou d'en créer de nouvelles.

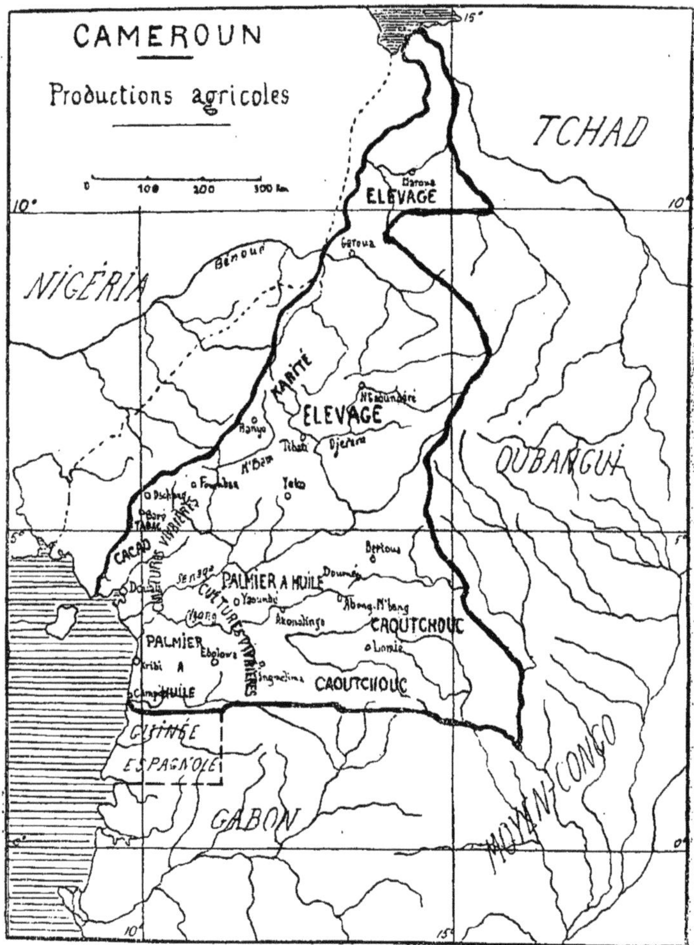

Fig. 6. — Productions agricoles

En contact étroit et constant avec la Chambre de Commerce et la Chambre d'Agriculture, l'Administration ne néglige aucune occasion de faciliter les entreprises. Elle soumet à l'analyse, dans les laboratoires métropolitains, aussi bien les produits que les particuliers lui envoient, que ceux que les agents de l'Administration lui font parvenir. Elle fournit les renseignements de toute nature qui lui sont demandés en matière d'agriculture tropicale et se les procure aux sources autorisées lorsqu'elle ne les possède pas.

Disposant d'agents d'agriculture convenablement répartis (ingénieurs et conducteurs), elle fait procéder, sur une petite échelle naturellement, aux essais de culture qui lui sont recommandés ou dont les échantillons et graines lui sont envoyés à sa demande ou *proprio motu*.

Zone de la forêt

Le caoutchouc. — Bien qu'actuellement le caoutchouc compte encore pour un chiffre notable dans les sorties de la Colonie, bien qu'une partie de la production soit évacuée vers les ports du Congo, par la Sangha et ses affluents, cette matière première n'est plus l'une des seules ressources accaparant l'attention du commerce. L'Administration locale s'efforce, néanmoins, d'obtenir des indigènes, à la fois une exploitation méthodique des arbres et des lianes et une préparation meilleure du latex en lanières, en cubes ou en crêpes, de façon à présenter une qualité appréciée sur les marchés d'Europe. Il existe, sur divers points du territoire, de nombreux peuplements d'hévéas. Une firme française donne actuellement une grande extension à la culture de cette espèce.

Voici, à titre d'indication, les exportations en caoutchouc pendant ces cinq dernières années :

En 1922, 485.539 kilos.
En 1923, 760.714 kilos.
En 1924, 967.987 kilos.
En 1925, 753.800 kilos.
En 1926, 1.037.132 kilos.

Le palmier à huile. — Le jour où la voie ferrée du centre traversera de part en part la zone d'habitat du palmier à huile qui, non seulement occupe toute la région forestière mais la déborde largement, ce jour-là les oléagineux constitueront l'une des principales ressources devant assurer la prospérité du territoire.

Le besoin, de plus en plus grand, de matières grasses, explique, au Cameroun comme dans les autres colonies voisines de l'Ouest africain, l'intéressant développement de la production de l'huile et des amandes de palme. A cela, il convient d'ajouter l'engouement et le stimulant donnés à l'indigène par les offres d'achat. Les amandes de palme, achetées de 25 à 30 centimes le kilo, avant la guerre, atteignaient, en 1926, 2 fr. 50 le kilo à Douala, 2 francs à Yaoundé, 1 fr. 75 à Ebolowa, 2 fr. 30 à Eséka. Ces prix d'achat suivent le cours de la livre.

De septembre 1917 à septembre 1918, lorsque l'Etat français se rendit acquéreur de toute la production d'amandes, à raison de 600 francs la tonne f. o. b., le rendement atteignit 26.000 tonnes, d'une valeur de 16.000.000 de francs, dans la seule partie de l'ancien Cameroun placée dans la zone d'action colonisatrice de la France.

Les quantités d'amandes de palme exportées ont été les suivantes :

En 1924, 28.789 tonnes.
En 1925, 36.422 tonnes.
En 1926, 35.478 tonnes.

Les sorties d'huile de palme ont été :

En 1924, 4.275 tonnes.
En 1925, 6.274 tonnes.
En 1926, 5.811 tonnes.

Le jour où des huileries auront été installées dans le pays, où d'autres moyens d'évacuation auront été substitués au portage humain qui tend cependant à disparaître, le Cameroun pourra vraisemblablement fournir 100.000 tonnes d'amandes et 25 à 30.000 tonnes d'huile de palme.

Aussi considérables qu'ils puissent paraître, ces chiffres sont faibles quand on les compare à ceux de la Nigéria britannique, où les sorties, en 1918, s'élevaient à 86.422 tonnes d'huile de palme et à 206.212 tonnes de palmistes.

Le palmier à huile se rencontre en abondance dans les circonscriptions de Mbanga, d'Edéa, de Kribi, d'Yabassi. Les circonscriptions de Dschang, de Yaoundé, d'Ebolowa, plus éloignées de la mer, sont également riches en palmiers.

Le palmier à huile se plaît dans le climat forestier, chaud, humide et pluvieux. Ils disparaît aux hautes altitudes. Sa production est proportionnée à l'abondance des pluies. Néanmoins, il ne pousse pas, ou mal, dans les terrains marécageux.

Fig. 24. — Le train d'inauguration à Otélé (C. F. C. — 16 mai 1926)

Il existe plusieurs variétés : le type commun, à fruit jaune orange, à coque dure ; un type à noyau, à coque mince, supérieur aux autres ; un type à petit fruit et à petit noyau, consommé par les indigènes, et un type sans noyau.

En général, les indigènes ne font pas de plantations de palmiers ; ils se contentent d'exploiter les peuplements naturels, après les avoir aménagés. Les graines, jetées sur le sol, celles qui tombent des arbres augmentent les peuplements naturels. Cependant, en 1918, 30.000 palmiers ont été plantés dans la région de Kribi et, dans celle de Makak, le conducteur de travaux agricoles en service à Edéa mit en place, au mois d'août 1925, 20.000 pieds. Les stations agricoles distribuent tous les ans, aux indigènes, un certain nombre de jeunes palmiers appartenant aux meilleures variétés.

Le tabac. — Ainsi que dans les pays voisins, la culture du tabac indigène a toujours existé au Cameroun. Les indigènes n'ont pas de plantations de tabac, mais ils cultivent généralement, près des villages, un certain nombre de pieds pour leur usage. Les indigènes se contentent de faire sécher les feuilles, puis ils les roulent en tresses très serrées.

Les premiers essais de tabac pour capes de cigares ont été effectués, en 1907, à Bibundi. On essaya, sans beaucoup de succès, plusieurs variétés de tabac : le Java, le Havane, le Kentucky, le Brésil, le tabac de Turquie. Le Sumatra donna un tabac apprécié.

Les cultures en altitude (à Bakossi, par exemple), donnèrent les produits les mieux cotés ; aussitôt après venaient ceux des plaines de Mbanga, Nyombé, Penja.

En 1911, on exporta 56 balles de 80 kilos ; en 1912, 412 balles de 80 kilos. En 1925, il a été exporté 170 tonnes de tabac de cape Déli-Sumatra. Les sorties ont diminué en 1926.

Le sol des régions de l'Ouest (chemin de fer du Nord), d'origine volcanique, convient bien au tabac, qui aime les terres légères, siliceuses et humifères. C'est à flanc de coteau que se rencontrent les meilleures terres. Néanmoins, la terre des vallées, plus lourde et profonde, convient encore au tabac.

La période la plus favorable à la culture du tabac s'étend d'août à décembre, le séchage s'effectuant en novembre et décembre. On peut aussi cultiver à partir d'avril, mais le séchage des feuilles sera plus long et plus délicat à cause des pluies.

Autant que possible, on ne cultive un même terrain que tous les cinq ans. Pour ce motif, et parce qu'ils faisaient deux récoltes par an, les Allemands avaient demandé de très vastes concessions, en pleine forêt, dont le défrichement exigeait une nombreuse main-d'œuvre.

La forêt devra être entièrement défrichée, car le tabac souffre de l'ombrage.

Il existe des ouvrages spéciaux sur la culture du tabac ; nous y renvoyons le lecteur (1). Nous ajouterons seulement que cette culture devra être confiée à des spécialistes avertis de ses aléas. Enfin, les indigènes des circonscriptions d'Ebolowa, de Dschang et d'Yaoundé cultivent, pour leur consommation, des variétés locales de tabac riches en nicotine. Il sera utile d'envisager, pour les gros travaux, l'emploi de moyens mécaniques (labours, etc.) et de rechercher des terrains favorables dans des régions plus peuplées, comme par exemple vers la haute Sanaga.

Le cacaoyer. — Les noirs semblent avoir introduit le cacaoyer au Cameroun il y a une quarantaine d'années. Il s'y est répandu rapidement. De vastes plantations ont été créées autour du mont Cameroun ; elles sont remarquablement installées au moyen de capitaux considérables. Ces plantations se trouvent situées, en grande partie, sur la zone anglaise.

En 1909, 6.000 hectares avaient été plantés. Il donnaient une production de 2.400 tonnes. En 1912, les plantations atteignaient plus de 11.000 hectares, avec une production de près de 4.000 tonnes.

En 1902, les indigènes, sur les conseils de l'Administration, se donnèrent à cette culture, sur les flancs du mont Cameroun. Mais les plantations, mal entretenues, n'ont guère prospéré ; la préparation n'étant pas soignée, le cacao était déprécié sur les marchés européens.

A partir de 1905, la culture du cacaoyer se généralisa : elle gagna les rives du Mungo, du Wouri et de la Dibombé.

Malgré la guerre de 1914, la culture continua à s'étendre, dans les milieux les plus intelligents, malgré le découragement causé par la mévente. Aussi, dans un espace de quatre à cinq années, le chiffre d'exportation passa de un à cinq.

(1) *L'Agriculture et l'Elevage au Cameroun*, par THILLARD, Ingénieur d'Agronomie coloniale. — Larose, éditeur.

La culture du tabac de Sumatra au Cameroun, par THILLARD. — Larose, éditeur.

La production indigène promet de dépasser bientôt le chiffre actuel d'exportation des plantations européennes et indigènes de la zone anglaise.

Le cacaoyer est actuellement cultivé dans les circonscriptions de Mbanga, d'Edéa, d'Ebolowa, de Kribi, d'Yabassi, où les plantations européennes et indigènes sont nombreuses.

On en rencontre encore dans les régions de Bana et de Yaoundé.

Le cacaoyer exige un climat chaud et humide. Il vient bien dans le voisinage de la mer, ainsi qu'à l'intérieur, jusqu'à une altitude de 700 mètres, dans les terres profondes, riches en humus. Il convient d'éviter les terrains marécageux et trop humides. Les inondations momentanées ne semblent pas nuire à la plante lorsque la terre peut sécher après les pluies.

Il existe deux variétés de cacao :

1° Le cacao Amelonado, à cabosse jaune et petite. Cette variété, très répandue en Afrique, n'est pas de premier choix ;

2° Le Forastero, variété résistante et très productive. Elle existe à Nyombé, sur le Mungo et le Wouri.

La fève, pour être acceptée et obtenir un bon prix, doit subir une fermentation très soignée ; les indigènes négligent encore cette opération.

L'attention de l'Administration s'est portée sur les plantations familiales indigènes. Elle se préoccupe de les améliorer et de les intensifier. Des séchoirs banaux ont été établis aux frais du budget, dans des centres choisis.

Dans la seule circonscription d'Ebolowa, plus de 36.000 pieds de cacaoyer ont été plantés en 1921 par les indigènes, suivant les indications qui leur ont été données par l'agent d'agriculture. Ce mouvement se poursuit.

Sur le Wouri et la Sanaga on procède actuellement au remplacement des cacaoyers arrivés au stade de dépérissement.

Quantités de cacao exportées :

En 1923, 3.469 tonnes.
En 1924, 4.494 tonnes.
En 1925, 4.917 tonnes.
En 1926, 5.348 tonnes.

CULTURES SECONDAIRES, PRODUITS DE SECOND ORDRE SUSCEPTIBLES D'ÊTRE EXPORTÉS

Le café. — Le café est encore peu cultivé au Cameroun. On n'y signale pas d'essais sérieux avant 1912. Le Cameroun exportait environ une tonne par an ; les essais ont été faits avec le Libéria, le Robusta et le café d'Arabie. Les résultats sont très satisfaisants.

Une variété de café croît à l'état sauvage dans la circonscription de Lomié : ses grains sont appréciés. Plus de 200.000 caféiers de ce type ont été plantés, depuis 1922, à Lomié et à Yokadouma. En 1925, 50.000 caféiers provenant du domaine de Lala ont été mis en place dans la région de Dschang. Dans peu de temps, le Cameroun sera un pays exportateur de café.

Le ricin. — Le ricin est connu des indigènes comme plante médicinale ; il pousse spontanément dans diverses régions du territoire.

En 1917, on en a entrepris la culture dans la zone forestière. Si cette zone présente des avantages au point de vue du transport du produit à la côte, il semble que les plateaux, les savanes offrent des terrains plus favorables. Les régions de Yaoundé et d'Ebolowa peuvent être recommandées.

Les variétés les plus répandues à l'état sauvage sont le *Ricinus communis Major* et le *Ricinus communis Minor*, dont le rendement en huile est de 35% environ.

Le Njabi. — Le *Mimusops Djave* (Njabi) est un bel arbre qui vit en forêt, assez loin de la mer et des montagnes.

Il porte des fruits assez gros, jaunâtres, de forme ovale ; ces fruits renferment des graines oléifères dont la coque, dure, est brun-clair.

Des peuplements naturels importants existent dans les circonscriptions de Mbanga, d'Yabassi et d'Edéa. Les arbres sont plus clairsemés dans les régions d'Ebolowa, de Lolodorf, de Kribi et de Yaoundé.

Les quantités récoltées variant chaque année, le Cameroun exporta :

En 1908, 182.190 kilos.
En 1909, 30.000 kilos.
En 1910, 345.150 kilos.
En 1911, 4.500 kilos.
En 1912, 190.800 kilos.
En 1913, 305.950 kilos.

Le prix d'achat était de 10 à 15 pfennigs le kilogramme. A Hambourg, le produit était coté 300 francs la tonne.

La noix peut être utilisée, en Europe, en savonnerie fine et en stéarinerie.

En 1916, un envoi de ces noix a été fait en France par une maison de Douala : elles n'ont pas trouvé d'acheteur. L'envoi direct de la graisse serait sans doute plus apprécié.

En tous cas, l'exportation de la graisse devrait être tentée. C'est une ressource qui n'est pas à dédaigner, et ce produit, mieux connu, amènerait sans doute nos industriels à accepter la noix séchée.

Le raphia. — L'emploi du raphia s'est généralisé dans la Métropole ; il est employé comme lien en agriculture, puis pour la fabrication de cordes.

Il est très abondant au Cameroun, où il est surtout employé dans la construction des cases. Il pousse dans les endroits humides, marécageux, au bord des cours d'eau, dans toute la zone forestière, depuis le littoral jusqu'à la Sangha.

Mais le prix peu élevé de ce produit ne lui permet pas de supporter les frais d'un long transport. Il forme des peuplements abondants dans les circonscriptions de Douala, d'Yabassi, d'Edéa et de Kribi.

Le copal. — Le copalier est assez répandu dans la zone forestière.

La résine de copal est secrétée par les branches, le tronc et les racines du copalier. Quand elle n'est pas récoltée elle forme, au pied de l'arbre, des dépôts dans le sol. Les indigènes trouvent fréquemment ce produit en défrichant le sol pour de nouvelles cultures. Le copal fossile est recherché par le commerce ; il est le plus estimé.

Le copal est connu des indigènes, et les Allemands en exportaient de petites quantités. Actuellement peu demandé, sa recherche et sa récolte sont délaissées.

Les ressources du plateau central et du Cameroun septentrional

Le karité. — Le karité se rencontre dans la zone des savanes ; à partir du 7° de latitude Nord jusqu'au 11°, il devient abondant. La graisse est employée pour la cuisson des aliments, ainsi que pour les soins de la peau et de la chevelure.

Le fruit renferme un noyau riche en matière grasse. La récolte a lieu en août-septembre.

En 1913, 125.000 kilos furent expédiés de Garoua sur l'Angleterre et l'Allemagne. L'exportation atteignit 180.000 kilos en 1918. La région de Maroua pourrait, à elle seule, fournir une quantité infiniment plus considérable si les moyens de transport étaient plus faciles. Pendant les premiers mois de 1924, 116 tonnes de noix de karité ont été exportées de Garoua et de Maroua.

Le colatier. — Le colatier se trouve dans la zone des savanes, entre le 5° et le 7° de latitude Nord. On le rencontre, au-dessous de cette latitude, à l'état sauvage dans la forêt.

Il existe des peuplements naturels dans les régions de Foumban, de Bamenda, de Banyo et de Tibati.

On observe deux variétés : le *Cola acuminata*, le *Cola vera*. La première variété est très amère, peu appréciée des noirs. La seconde, au contraire, est très recherchée. Elle est a peu près entièrement consommée sur place.

Le *Cola acuminata* est la noix d'exportation. Très riche en caféine et en théobromine, elle sert à la fabrication des vins et des extraits pharmaceutiques.

Nos exportations ont été, en 1917, de 7.000 kilos, de 2.000 en 1918 et de 14.381 en 1922.

Le coton. — La mise en valeur du plateau central est en dépendance étroite du prolongement de la voie ferrée. Lorsque le rail atteindra la zone des savanes, la culture du coton pourra devenir la principale ressource de cette région.

Dès maintenant, il semble possible de l'entreprendre dans le pays de la Bénoué, en raison de la possibilité d'évacuation qu'offrent ce cours d'eau et le Niger, dont il est l'affluent.

Il existe trois variétés de coton dans le Haut-Cameroun :

Le coton de la région de Binder, apprécié des indigènes ;

Le coton de la région de Maroua, moins apprécié ;

Le coton de la région des Foulbés, très apprécié et d'un bon rendement.

Dans tout le nord du territoire, le coton est filé et tissé par les indigènes. Il sert à la confection des vêtements.

Sa culture pourrait être facilement développée pour l'exportation. L'Administration a installé des égreneuses et des presses à main dans les centres producteurs de coton.

La culture du cotonnier par l'industrie européenne pourrait être entreprise, avons-nous dit, dans la région de la Bénoué. Mais il conviendrait d'opérer avec méthode, de reconnaître les terrains, de compléter éventuellement le système naturel d'irrigation de la concession choisie. Il faudrait procéder à la sélection des semences, étudier la production à l'hectare, s'assurer de la main-d'œuvre utile, calculer avec soin le prix de revient du coton égrené et pressé à l'usine, enfin les frais de transport jusqu'au port d'embarquement.

La culture du cotonnier, en vue de l'exportation, sera susceptible de fournir à la France, notamment le jour où les voies ferrées pénétreront assez profondément dans l'intérieur, un gros appoint à ses filatures.

L'indigo. — L'indigo est cultivé dans le nord du territoire. Il n'est pas exporté ; il est vendu par les producteurs aux teinturiers.

Cette culture pourrait être développée et donner lieu à une exportation.

Gomme arabique. — La gomme est produite par de nombreuses variétés d'acacias. Ces arbres se rencontrent en abondance dans le nord du territoire. En 1913, des maisons anglaises et allemandes ont exporté, de Yola et de Garoua, 228 tonnes. La région de Maroua pourrait fournir 60 tonnes de gomme par an.

L'Elevage

Le cheptel bovin, qui peut être évalué à 600.000 têtes, intéresse la consommation et l'exportation. Il est de qualité suffisante pour que son amélioration puisse être actuellement réservée. Les populations indigènes qui pratiquent l'élevage basent leurs procédés sur une expérience vieille, il ne faut pas l'oublier, de plusieurs millénaires, et dans cette partie ils ont peu à apprendre de nous, sauf toutefois en ce qui concerne la lutte contre les épizooties. Celles-ci, malheureusement, — péripneumonie et peste bovine — après avoir ravagé toutes les autres contrées de l'Afrique, depuis le Cap jusqu'au Sahara, ont fait leur apparition au Cameroun. Elles n'y ont cependant pas causé les déchets formidables constatés ailleurs, grâce en partie aux mesures prophylactiques prises, mais grâce surtout à la qualité des pâturages et des eaux. En dehors donc des mesures de police sanitaire, ce que l'Administration s'est proposée de faire, c'est de favoriser la consommation et l'exportation, en un mot d'amener dans les centres où l'alimentation l'exige et où les moyens d'évacuation existent, les troupeaux dans le meilleur état et avec un minimum de déchet.

Négligeant l'exportation vers la Nigéria, qui se solutionne d'elle-même en raison de la communauté de frontières, nous constaterons que la question est en partie réglée pour la zone montagneuse du Nord-Nord-Ouest, à la fois par le chemin de fer du Nord et la nouvelle route qui le prolonge vers Foumban. Là, c'est surtout à l'initiative privée de s'exercer; elle s'y est déjà manifestée et la ville de Douala, comme le port exportateur, est alimentée par une entreprise.

Il n'en va pas de même pour le centre proprement dit. En attendant que les travaux de prolongement du chemin de fer aient atteint les régions où vivent les troupeaux, l'Administration s'est attachée à résoudre le problème délicat de l'acheminement des bovidés et de leur acclimatement à proximité des centres où, jusqu'à ce jour, ils n'ont pu se constituer.

L'écueil capital est, indépendamment de la fatigue qui est la cause d'une mortalité importante en cours de route, la trypanosomiase. Partis de zones où la redoutable maladie ne sévit pas, les animaux traversent des régions infestées et la contamination les atteint lourdement.

Un spécialiste éprouvé, chargé d'une mission spéciale, a traversé et étudié les régions de parcours, en vue de déterminer scientifiquement les régions à éviter. Les résultats de la mission, sans être définitifs, sont néanmoins très encourageants, et actuellement des troupeaux peuvent être conduits, avec un minimum de risques, par étapes judicieusement choisies, et avec des repos convenablement calculés, vers des zones déterminées où le croît est assuré au mieux des intérêts de l'alimentation (viande et lait) et de l'exportation.

L'indigène, il ne faut pas cesser de le répéter, est passé maître en fait d'élevage : il connaît la sélection, il sait reconnaître l'animal malade, il l'isolera si c'est nécessaire suivant les conseils qui lui seront donnés, mais il est désarmé devant les épizooties graves. Le Service vétérinaire consacre son activité et ses efforts dans la lutte contre les maladies épizootiques.

LES BOVIDÉS

La race des bovidés zébus. — Il y a au Cameroun deux races de bovidés : les zébus et les taurins.

Les bovidés zébus. à bosse, sont de beaucoup les plus nombreux ; ils offrent plusieurs variétés :

Les bœufs dits « Foulbés » vivent dans la région de Ngaoundéré, de Garoua et de Maroua ; ils sont trapus, bas sur pattes, leur taille varie entre 1 m. 40 et 1 m. 50. Ils ont un large poitrail et au garrot une bosse assez volumineuse. Leur robe est variée, noire, blanche ou fauve, avec parfois ces trois couleurs réunies. Certains de ces bœufs pèsent de 6 à 800 kilos. Le nombre de femelles l'emporte sur celui des mâles : sur dix naissances, on compte sept femelles. Elles donnent une assez faible quantité de lait.

Les Foulbés sont d'excellents éleveurs, à peu près sédentaires.

La variété dite « Bororo » est caractérisée par une taille plus élevée et par de longues cornes. Le poids moyen est de 360 kilos. La viande est moins appréciée que celle des bœufs foulbés.

Cette variété est entre les mains des Bororos, pasteurs nomades de race peuhl. Ces bergers sont très attachés à leurs animaux et consentent difficilement à les vendre.

Le bœuf de Rey pâture dans les vallées des affluents de la Bénoué : le Rey, le Faro et le Kébi. Sa bosse est moins grosse que celle du « Foulbé » ; sa tête est fine et sa stature élégante. Sa chair est excellente.

Dans la circonscription de Maroua, on trouve des bœufs plus petits que les bœufs foulbés (taille moyenne, 1 m. 15). Ce sont les bœufs dits Kirdis, Toubouris et Moundangs.

Ces bœufs, élevés avec le plus grand soin par leurs propriétaires, les Choas, éleveurs qui rivalisent avec les Foulbés, donnent à l'abatage un rendement supérieur.

Les Choas possèdent tous des bœufs : les plus pauvres ont au moins une ou deux têtes de bétail ; la plupart dix ou vingt, les riches en ont jusqu'à deux cents et plus.

On affirme qu'un troupeau de bœufs zébus peut doubler en une quinzaine de mois.

Les bovidés taurins. — Les bœufs dépourvus de bosse, peu nombreux, se rencontrent dans la circonscription de Dschang ; on en rencontre encore près du Tchad et dans les îles du lac ; ce sont des bœufs à grosse tête et à cornes puissantes, généralement de petite taille.

Les équidés : chevaux, ânes. — Il existe dans la circonscription de Yaoundé quelques dizaines de chevaux, amenés par les colporteurs haoussas, ou achetés dans le Nord par les chefs de village.

On en compte une centaine dans celle de Dschang ; ils appartiennent aux chefs et au Sultan de Foumbam. Dans la région de Ngaoundéré, le nombre des chevaux est plus élevé et peut atteindre cinq cents.

La région d'élevage est dans les circonscriptions de Garoua et de Maroua. Il existe deux types distincts :

1° Le cheval de plaine, dont la taille est de 1 m. 40 à 1 m. 50, est le véritable cheval de selle. Ces chevaux dérivent du cheval arabe et du cheval barbe. Leur prix varie entre 250 et 600 francs ;

2° Le cheval de montagne, ou cheval kirdi, a une petite taille et ne dépasse pas 1 m. 30. Très robuste, résistant et courageux, il est utile pour voyager sur les sentiers des montagnes. Il vaut une centaine de francs.

On rencontre encore dans ces régions un cheval de très grande taille, de formes très belles. Ces chevaux, d'un prix très élevé (ils valaient autrefois jusqu'à 20 captifs), sont rares ; ils viennent du Manga, région située à l'ouest du Tchad.

Les ânes sont très répandus dans le nord du Cameroun. C'est l'animal de bât des Foulbés, Haoussas, Bornouans, etc.

Petit bétail : ovins, caprins. — Le mouton existe sur toute la zone de la savane. On en rencontre une seule race, de taille moyenne, très rustique, dont la viande est assez bonne. La femelle donne de deux à quatre agneaux à la portée.

Les chèvres se rencontrent dans toute la région forestière ; elles sont plus nombreuses dans la zone des savanes.

Elles sont de la race du Fouta-Djallon ; leur couleur est foncée, leur taille atteint 60 à 70 centimètres. Leur chair est appréciée. La reconstitution des caprins, dans les régions centrales dévastées pendant la campagne, est en bonne voie. Des reproducteurs sélectionnés ont été mis à la disposition des chefs de village là où la chose était nécessaire, et la surveillance qu'exercent les agents de l'Administration, en s'opposant à l'abatage inconsidéré qui pourrait être pratiqué, assure la multiplication rapide des animaux.

Suidés. — Le porc se rencontre un peu partout dans la zone des savanes. Il vient moins bien dans la forêt, où on l'élève cependant. Il appartient au type Ibérique. Il vit à l'état sauvage. Bien nourri, il peut atteindre 200 kilos.

Une race, issue d'un croisement du pays avec une race germanique introduite, s'est répandue sur la côte, notamment dans la région de Dschang. Cette race est robuste et les animaux peuvent, à l'engraissement, atteindre un poids supérieur.

La basse-cour. — La basse-cour a, elle aussi, beaucoup souffert, pendant la campagne, dans des régions entières. La reconstitution a été difficile.

La poule se rencontre partout. C'est la petite race particulière à toute l'Afrique. Mais des volailles de races européennes (Madère, Bresse, Houdan, Faverolles, Flèche) ont été introduites à la ferme avicole de Yaoundé et ont produit des croisements intéressants, qui se répandent sur le territoire. Des poules d'assez grosse taille se rencontrent maintenant dans les villages de l'intérieur.

Le canard (race de Barbarie), quoique moins nombreux que la poule, se rencontre à peu près dans tous les villages.

Les pigeons se répandent aussi sur le territoire. Ils sont plus nombreux dans la région des savanes.

Forêts

La forêt du Cameroun couvre environ 15 millions d'hectares. Elle s'étend sur toute la région côtière ; dans la région voisine de la Nigéria, la forêt a une largeur d'environ 200 kilomètres. Plus au Sud elle s'étend, vers l'Est, sur près de 700 kilomètres.

Avec ses deux milliards et demi de mètres cubes de bois sur pied, cette forêt offre une richesse en bois vraiment magnifique. Cette richesse, il faut absolument qu'elle profite à la France.

Chose curieuse, les anciens occupants du Cameroun, si entreprenants furent-ils, avaient à peine commencé l'exploitation forestière. Ils n'exportaient encore, en 1913, que 11.290 tonnes d'une valeur de 870.000 francs, alors que le Gabon sortait plus de 150.000 tonnes de bois. Deux scieries fonctionnaient déjà à Douala et à Bonabéri. Quatre autres étaient en voie d'installation dans l'intérieur. En 1925, le territoire a exporté 37.852 tonnes de bois. Ce chiffre s'est maintenu en 1926.

Etude de la forêt. — La zone maritime est la seule partie de la forêt qui renferme des peuplements d'une seule espèce : le palétuvier. Au delà, la forêt offre de multiples essences ; aussi la recherche et l'exploitation d'une seule espèce serait fort difficile.

La densité des boisements apparaît un peu moindre peut-être qu'au Gabon, mais au moins égale à celle de la Côte d'Ivoire. On peut tabler sur une moyenne de 200 à 250 mètres cubes à l'hectare, soit un cube utilisable de 100 à 150 mètres cubes environ par hectare.

La plupart des essences qu'on rencontre au Gabon ou à la Côte d'Ivoire se trouvent également au Cameroun. Sur les 62 essences figurant dans la récapitulation générale du Cameroun (tableau tiré de l'ouvrage de M. le Commandant A. Bertin), 18 seulement présentent des noms nouveaux ne figurant ni sur les listes de la Côte d'Ivoire, ni sur celles du Gabon.

L'acajou, relativement rare, est généralement moins estimé que celui de la Côte d'Ivoire. Les indigènes en signalent au Cameroun deux variétés principales qui, en réalité, sont nettement différentes : l'une a sensiblement la densité de l'acajou de Grand-Bassam et est assez coloré, tandis que la seconde est beaucoup plus légère et d'aspect plus pâle.

Le moabi est très abondant dans la région du chemin de fer du Nord et la vallée du Mungo.

L'azobé est une des essences les plus répandues dans toutes les parties de la forêt : toutes les prospections faites signalent ce bois comme très abondant et, dans l'ensemble, il représente environ 16% du cube total. Malgré sa dureté, les Allemands exploitaient l'azobé et le débitaient dans les scieries de la colonie, pour l'employer en menuiserie (parquets, escaliers, etc.), en constructions d'appontements, ainsi qu'à la réfection des wagons et à la confection de traverses de chemins de fer, etc. Il est à souhaiquer que l'usage de cette essence se généralise pour tous les travaux nécessitant l'emploi de bois durs, résistants et imputrescibles.

Il résulte des études des missions forestières que les bois utilisables représentent plus de 65% du cube total. Cette proportion est largement suffisante pour assurer une exploitation économique. Partout ces bois, utilisables immédiatement, sont plus abondants que ceux devant être provisoirement laissés de côté. Ces derniers, reconnus impropres aux travaux de construction, pourront être transformés en pâte à papier ou en produits de distillation : goudrons et pyroligneux.

Cinq variétés d'arbres peuvent être employées pour la menuiserie légère, caisserie, contreplaquage et travaux d'intérieur n'exigeant pas beaucoup de résistance, comme par exemple le peuplier, le grisard.

Pour remplacer les sapins et les pins, dans la charpente légère, la menuiserie, le Cameroun offre huit variétés.

On en trouvera une même quantité pour remplacer les chênes et le teck (construction, menuiserie de bâtiment, charpente, pilotis, poutres, contructions navales).

Une variété peut remplacer le hêtre, le charme et le platane, pour la tournerie, bois à pavés, bois de pelles, fabrication de sièges.

On en trouve trois variétés pour la carrosserie et le charronnage, qui emploient l'orme, le frêne et l'acacia.

La menuiserie de luxe et d'ébénisterie pourront employer six variétés.

Les bois pouvant être employés en traverses de chemins de fer, pour le matériel roulant, bois de mines, constructions navales, sont assez nombreux : on en rencontre douze variétés.

Par ce qui précède, on peut se rendre compte des richesses forestières qu'offre le Cameroun. Nos exploitants forestiers et nos industriels déploient, depuis la guerre, une belle activité pour vulgariser les bois coloniaux en France. De nombreux chantiers sont méthodiquement exploités le long du chemin de fer du Nord et du Centre et des rivières navigables. Il n'est pas rare de trouver sur les concessions forestières, en dehors du « Decauville » dont l'emploi se généralise chaque jour, des tracteurs et des treuils.

Nous croyons devoir ajouter les conseils suivants :

1° Procéder d'une façon aussi méthodique que possible à l'abatage des arbres. Il est absolument indispensable qu'un Européen expérimenté surveille les abatages sur place et ne laisse pas ce soin aux indigènes ;

2° N'exploiter que là où on est sûr de pouvoir évacuer les billes ; avec les moyens rudimentaires dont disposent les coupeurs, il n'est pas prudent de s'écarter à plus de deux kilomètres des voies d'évacuation ;

3° Abattre le plus grand nombre de sortes de bois, mais ne jamais abattre que les sortes dont on a le placement assuré en Europe ;

4° Pour beaucoup d'essences, il serait sans doute très utile d'arrêter la circulation de la sève trois semaines ou un mois avant l'abatage. Pour cela, on enlève à 1 mètre de hauteur ou plus si le tronc est ailé à la base, un anneau complet d'écorce large de

30 centimètres à 40 centimètres. Cette mutilation a pour résultat d'amener un commencement de dessiccation du bois, qui prend ainsi un aspect apprécié dans l'industrie ;

5° Pour certaines essences, il est nécessaire de faire cet écorçage plus de trois mois à l'avance ; enfin, pour d'autres essences à bois léger, l'écorçage non seulement n'est pas utile, mais on le dit même nuisible, car certains insectes perceurs ont tendance à s'attaquer à des bois blancs ainsi traités.

L'écorçage avant la coupe des arbres se pratique, aujourd'hui, dans beaucoup de contrées tropicales, notamment en Birmanie, à Java, dans la Guyane hollandaise.

Peu d'essais de ce genre ont été faits en Afrique occidentale, où il y aurait cependant grand intérêt à les multiplier ;

6° Ce n'est pas seulement pour le choix des arbres à abattre que des surveillants européens sont nécessaires en forêt. Une grande économie de temps et de main-d'œuvre pourrait probablement être faite si on employait des procédés de coupe moins primitifs ;

7° Les arbres, après leur abatage, doivent être tronçonnés le plus tôt possible, mis sur des rondins, de manière à ne pas porter sur le sol ; enfin, pour beaucoup d'essences et notamment pour l'acajou, il y a certainement intérêt à pratiquer l'équarrissage sur place. On diminue ainsi le tronc d'une masse d'écorce et d'aubier ce qui allège la bille et en facilite le transport au port d'embarquement où, de toutes façons, on devra équarrir la bille pour l'embarquer, si cette opération n'a pas déjà été faite.

D'autre part, les tronçons équarris sont moins exposés à être attaqués par certains insectes que s'ils sont conservés à l'état naturel. L'écorce est, en effet, un revêtement où beaucoup de ces animaux trouvent à se réfugier et sont amenés à faire leur ponte ;

8° Il y a de grands perfectionnements à apporter au transport des billes depuis le lieu d'abatage jusqu'à la voie d'évacuation. Mais ces perfectionnements ne peuvent être appliqués que par des groupements disposant d'assez gros capitaux ;

9° Avant l'embarquement, les billes de bois d'ébénisterie subissent une dernière toilette ayant pour but de rafraîchir la section et surtout destinée à faire disparaître les fentes parfois profondes produites dans les billes exposées au soleil.

Quand une bille équarrie reste exposée seulement quelques

jours au soleil, elle peut se détériorer beaucoup. Le mieux est de mettre les billes à l'abri en attendant l'embarquement, soit dans des hangars privés, soit dans les docks publics. Les feuilles de palmier, les toiles d'emballages ne donnent pas une protection suffisante.

La main-d'œuvre

Au Cameroun, comme dans toutes les colonies de la côte d'Afrique, l'Européen ne saurait, sans compromettre sa santé, se livrer à un travail manuel. Il faut donc recourir à la main-d'œuvre indigène.

Les ouvriers sont rares et peu habiles. On trouve quelques menuisiers et maçons. Les forgerons sont également fort rares. Ces ouvriers sont payés actuellement 6 francs par jour environ.

A Douala, on recrute aisément les manœuvres. Leur salaire est peu élevé, malgré l'augmentation de ces dernières années : 3 francs par jour. Dans l'intérieur, le salaire des manœuvres est moins élevé : 1 fr. 50 à 2 francs par jour. Le salaire des porteurs est de 1 fr. 75 par jour avec charge, et 0 fr. 50 par jour sans charge. Le salaire sans charge est dû pendant les journées de retour à vide, c'est-à-dire lorsque les porteurs recrutés dans un lieu y reviennent leur travail terminé. Ces prix sont du début de l'année 1926. Le rendement des travailleurs est médiocre. L'indigène de l'Afrique équatoriale n'a ni le besoin, ni le désir, ni le goût du travail, et ceux qui fréquentent la capitale, en quête de travail, ne sont pas toujours recommandables.

Le décret du 4 août 1922, complété par celui du 9 juillet 1925, a réglementé les conditions du travail au Cameroun. Nous donnerons de cet acte les stipulations essentielles. Repoussant les procédés de contrainte dont s'inspiraient les Allemands, cette réglementation du travail comporte des dispositions répondant pleinement à l'article 23 du Traité de Versailles.

Aux termes de cette clause, les membres de la Société des Nations s'efforceront d'assurer et de maintenir sur leur propre territoire, des conditions de travail équitables et humaines pour l'homme, la femme et l'enfant. Ils s'engagent en outre à assurer le traitement équitable des populations indigènes dans les territoires soumis à leur administration.

Il n'est pas sans intérêt de signaler qu'au temps des Allemands les statistiques enregistraient un déchet de travailleurs se chiffrant, sur les concessions européennes, par 10% de mortalité parfois avec une proportion de malades atteignant jusqu'à 30%.

Le recours au travail des indigènes pourra avoir lieu soit par simple engagement, d'après les usages locaux, soit par conventions verbales, soit par contrats de travail. Ces derniers, établis obligatoirement pour tout engagement de services à accomplir hors de la subdivision d'origine, ne pourront avoir une durée inférieure à quinze jours, ni supérieure à deux années. Ils sont visés par l'autorité administrative et renouvelables dans la même forme.

Dispositions principales du décret du 9 *juillet* 1925 *sur le régime du travail*

L'établissement ou le renouvellement des contrats de travail et le départ des engagés pour le chantier ou l'entreprise où ils doivent être employés demeurent toujours subordonnés à un examen médical passé devant le médecin de l'Assistance médicale indigène du lieu d'origine, qui délivre un certificat numéroté, détaché d'un carnet à souche et signé du médecin. Il est fait mention, au certificat médical, du genre de travail auquel l'ouvrier peut être employé. Un double du certificat est adressé à l'inspecteur du travail.

Tout individu ayant notoirement résidé plus de dix jours consécutifs sur les chantiers d'une entreprise agricole, industrielle et forestière et qui, n'appartenant pas à la subdivision où elle est située, n'est titulaire d'aucun contrat de travail, ni autorisé à accompagner un travailleur (femmes, enfants), peut être renvoyé dans sa subdivision d'origine. S'il est établi que l'employeur a encouragé cette infraction, il pourra être condamné au remboursement des frais du voyage de retour de l'intéressé .

Chaque exploitant employant des ouvriers engagés par contrat doit tenir un carnet d'embauche contenant les noms et qualités des engagés, l'indication de lieu d'origine, de leur salaire, des avances faites et, éventuellement, des retenues de solde avec indication des motifs.

Les cahiers des charges de toutes les entreprises concessionnaires, concessions rurales, permis miniers d'exploitation et généralement tous actes de l'autorité administrative concédant des travaux ou des droits sur le domaine, devront obligatoirement contenir les conditions offertes à la main-d'œuvre par l'entrepreneur ou concessionnaire.

Ces conditions ne pourront être inférieures à celles en vigueur pour les travaux administratifs analogues.

Il est interdit d'utiliser un contrat pour un travailleur autre que celui pour lequel le dit contrat a été établi.

Les contrats de travail font mention de la durée moyenne de la tâche journalière, des conditions fixées pour les heures sudplémentaires et de leur rétribution, du salaire minimum auquel l'employé a droit par journée de travail.

Les retenues sur le salaire en dehors d'avances autorisées sont interdites.

Le salaire est payé en espèces mensuellement et dans les cinq jours qui suivent la date à partir de laquelle il est dû.

Il ne peut être avancé aux ouvriers une somme supérieure au quart de leur solde ; si les ouvriers sont employés à la journée, les journées de maladie ne sont pas rétribuées; si le salaire est mensuel, les journées de maladie sont payées lorsque l'incapacité de travail ne dépasse pas trois jours.

L'emplacement choisi pour les campements et les habitations doit remplir toutes les conditions d'hygiène et de salubrité indispensables au maintien du bon état sanitaire d'une collectivité indigène dans les pays tropicaux et réaliser le maximum de confort nécessaire à des gens dépaysés. Il sera déterminé d'un commun accord entre l'employeur et le médecin chargé de l'inspection sanitaire du travail.

Chaque famille aura un logement particulier. Les célibataires pourront être logés dans des cases communes et leur nombre calculé à raison de 6 mètres cubes d'air par individu.

Les cases devront être bien aérées ; la hauteur des murs aura un minimum de 1 m. 70 et le faîte sera à 2 m. 70 au moins audessus du sol. Le parquet sera fait de briques cuites ou d'une couche d'argile fortement damée ou unie. Les ouvertures pour la lumière seront munies de volets et les portes devront pouvoir être fermées. On n'installera jamais plus de vingt ouvriers par case.

Chaque ouvrier recevra un lit en bois et sera pourvu par l'employeur, une fois pour toutes, d'une couverture de laine ou de coton, suffisamment grande, solide et épaisse.

Les fosses d'aisance seront installées conformément aux prescriptions du médecin chargé de l'inspection sanitaire. Il ne pourra être construit moins d'une fosse par vingt personnes.

Il est défendu aux ouvriers de puiser de l'eau en dehors des endroits aménagés à cet effet.

Des intallations seront aménagées pour le blanchissage et les bains. Du savon sera distribué aux ouvriers une fois par semanie, d'après un taux fixé au contrat de travail.

La préparation des aliments se fera dans une cuisine spéciale. L'employeur engagera un cuisinier ou une cuisinière pour vingt-cinq travailleurs. Chaque cuisine sera munie de marmites et de récipients en nombre suffisant pour assurer une bonne préparation de la nourriture. Le sol des cuisines sera cimenté ou damé et aura une pente suffisante pour assurer l'écoulement des eaux.

Tout travailleur malade devra être soigné. Les dépenses concernant le traitement à donner aux ouvriers sont à la charge de l'employeur.

Aucun personnel médical n'est imposé aux exploitations employant moins de 100 ouvriers, mais il y sera installé une infirmerie à trois lits et une salle d'isolement à trois lits.

L'infirmerie et la salle d'isolement seront munies du linge, du matériel et des désinfectants nécessaires pour qu'un praticien puisse passer la visite sanitaire des ouvriers dans de bonnes conditions.

Les grands blessés susceptibles d'être transportés, les contagieux et les malades seront dirigés sur l'hôpital le plus rapproché. Dès l'apparition d'une épidémie, le chef de circonscription et le médecin inspecteur sanitaire devront en être avisés.

Les entreprises de 100 à 500 travailleurs auront un assistant sanitaire indigène agréé par l'Administration.

L'infirmerie et le pavillon d'isolement auront trois lits par 200 travailleurs.

Dans les exploitations où le nombre d'ouvriers sera supérieur à 500, le service médical sera assuré par un médecin français et des auxiliaires indigènes à raison d'un infirmier ou un assistant sanitaire par 500 travailleurs. Ces auxiliaires devront être agréés par l'Administration et pourront être fournis par le territoire après accord entre l'employeur et l'Administration.

Dans chaque infirmerie sera tenu un registre des malades d'un modèle adopté par le Service médical du Territoire. Un extrait complet de ce registre sera envoyé mensuellement au médecin inspecteur sanitaire du travail.

Toute entreprise doit être pourvue de façon constante d'un matériel sanitaire indispensable et d'un approvisionnement suffisant de médicaments. Cet approvisionnement est conforme à la nomenclature établie d'un commun accord entre le directeur de l'entreprise et l'inspecteur sanitaire.

Le médecin du Service de l'inspection du travail, désigné par le Commissaire de la République, visitera régulièrement les chantiers et donnera ses soins aux consultants et aux malades. Il visitera les infirmeries et s'assurera que les malades qui y sont traités reçoivent les soins que nécessite leur état.

Dans le cas où il serait fait appel par un employeur au médecin de l'Assistance médicale indigène en service dans le poste le plus voisin, il sera perçu une somme déterminée par le Commissaire de la République et représentant les frais de transport et l'indemnité de route et de séjour du médecin.

Le décès de tout travailleur sera inscrit au registre des malades avec diagnostic et une note d'observation. Il sera communiqué au chef de la subdivision du lieu où il s'est produit, qui en avisera le chef de l'unité d'origine. Les salaires dus au décédé seront versés à ses héritiers par les soins de l'Administration.

Indépendamment des pouvoirs normalement conférés aux chefs des circonscriptions et subdivisions administratives, l'inspection du travail est confiée : 1° aux médecins de l'Assistance médicale indigène, dans les limites de l'unité administrative où ils sont en service ; 2° aux médecins inspecteurs du travail, sans limitation de lieu ; 3° aux fonctionnaires spécialement commissionnés par le Commissaire de la République en qualité d'inspecteurs du travail. Ces divers fonctionnaires ou agents devront être préalablement et spécialement assermentés.

Les inspecteurs du travail, les officiers de police judiciaire, les membres du corps de santé énoncés au paragraphe précédent auront accès en toute circonstance sur les chantiers privés et dans les camps de travailleurs. Il devra leur être donné toute facilité pour vérifier l'exécution des prescriptions légales et des clauses souscrites par les employeurs. Ils pourront, chacun en ce qui le concerne, interroger les travailleurs et faire toutes les investigations qu'ils jugeront utiles.

Le médecin inspecteur du travail a qualité pour constater les infractions aux obligations d'ordre médical. Les inspecteurs du travail, les officiers de police judiciaire, les agents forestiers ont qualité pour constater les infractions aux obligations de toute nature autre que spécifiquement médicale.

Les médecins de l'assistance médicale indigène peuvent être requis par les fonctionnaires de l'ordre administratif de les accompagner dans leurs inspections pour vérifier l'exécution des prescriptions sanitaires. Ils signeront les rapports ou procès-verbaux établis par les inspecteurs.

Les inspecteurs pourront recevoir les plaintes des employeurs et déférer, sur leur requête, leurs engagés aux conseils d'arbitrage ou aux tribunaux répressifs, en cas de délits.

***

Les contrats de travail peuvent être résiliés :

Par consentement mutuel des parties ;

Par la volonté de l'une des parties dans les cas qui peuvent être prévus au contrat ;

Par décision du Conseil d'arbitrage ;

Par arrêté du Commissaire de la République.

Les Conseils d'arbitrage de travail indigène sont créés par arrêtés du Commissaire de la République, sur la proposition de Chefs de circonscriptions.

Le Conseil d'arbitrage est composé : du Chef de circonscription ou de subdivision, président ; d'un colon assesseur, titulaire et d'un colon assesseur, suppléant ; d'un assesseur indigène titulaire et d'un assesseur indigène suppléant.

Un fonctionnaire désigné par le Président remplit les fonctions de secrétaire du Conseil.

Ces Conseils connaissent des contestations individuelles ou collectives entre les employés indigènes et leurs employeurs, relatives aux conventions réglementant les rapports entre employeurs et employés. Ils prononcent sur l'interprétation des conventions, leur validité et sur les voies d'exécution nécessaires.

Les jugements sont définitifs et sans appel lorsque le chiffre de la demande n'excède par 500 francs en capital. Au-dessus de cette somme, l'appel est interjeté devant le Tribunal de première instance.

Des dispositions spéciales prévoient les sanctions applicables en cas de recrutement de travailleurs par la menace, la violence, les manœuvres frauduleuses, en cas de détournement d'avances de salaires par l'engagé, en cas de contrat réputé fictif, en cas de détournements ou de tentatives de détournements d'employés, de rupture de contrat, etc.

Il ne suffit pas, notamment pour les industriels qui emploient un grand nombre d'ouvriers, de les avoir recrutés conformément aux règlements, de payer les salaires avec exactitude : il convient encore de traiter les manœuvres de manière à en obtenir le meilleur rendement, dans l'intérêt bien entendu de l'exploitation, sinon par humanité pure.

Le nouvel arrivant devra se méfier des conseils de certains coloniaux. Pour ceux-ci, la « trique » est l'argument irrésistible, le remède suprême ; ils confondent l'énergie, la fermeté avec la violence et la brutalité.

Non seulement de tels errements amèneraient des conflits avec l'Administration, qui refuserait en outre son aide, mais encore causerait rapidement la fuite des travailleurs et la mise à l'index de l'exploitation.

On devra, au contraire, surveiller avec soin les contre-maîtres, presque toujours enclins aux brutalités.

Des gratifications accordées aux travailleurs qui se seront signalés par leur ardeur, leur zèle, seront une cause d'émulation.

Les travailleurs, mariés ou non, désirent parfois avoir une case personnelle. Il sera bon de leur laisser toute facilité pour cela, ainsi que pour les petites cultures vivrières qu'ils désireraient tenter : bananiers, arachides, maïs, etc. Ils s'attachent ainsi à l'exploitation qui les emploie. Bientôt, la possession de quelques volailles, d'une chèvre, d'un mouton, vient encore renforcer cet attachement.

CAMEROUN

CIRCONSCRIPTION
de ....

SUBDIVISION
de ....

Recrutement autorisé le .... sous le N° , par le Commissaire de la République.

CONTRAT DE TRAVAIL

(*Régime des décrets des 4 Août* 1922 *et* 9 *Juillet* 1925)

Entre M. (1) ...., demeurant à ....
et le nommé (2) ...., qui fait l'objet du certificat médical délivré à ...., le ...., sous le N° ...., par M. ....

Il a été convenu :

a) Le nommé ...., libre de tout engagement antérieur s'engage à travailler pour le compte de M. ...., sur son exploitation de ...., pendant une durée

(1) Nom, prénom, nationalité, profession. Indication des pouvoirs s'il y a lieu.
(2) Nom, prénom, surnom, âge, race, village et subdivision d'origine.

de (1) ...., à partir du .... en qualité de ....

Il reconnaît avoir reçu une avance de .... :

b) 1° La durée effective du travail ne sera pas inférieure à 15 jours par mois, ni supérieure à 6 jours par semaine, le jour de repos étant, en principe, fixé au ...., ni supérieure à 10 heures par jour.

2° Si l'engagé doit effectuer un travail à la tâche, la tâche quotidienne exigée ne devra, dans aucun cas, être supérieure à celle qu'un ouvrier ordinaire peut effectuer normalement en dix heures au minimum.

c) 1° En échange de son travail, le nommé .... aura droit par journée de travail, à un salaire de .... et à une ration qui sera composée de :

1°	Macabos ou manioc	3 kg.
	ou têtes de maïs, ou patates	2 kg.
	ou légumineuses (haricots, pois d'engol)...........	500 gr.
	ou riz, ou mil	650 —
2°	Poisson salé	130 —
	ou viande fraîche	200 —
3°	Sel	20 —
4°	Graisse ou huile de palme, ou huile ou beurre de njabi.	50 —

2° Si .... effectue des heures supplémentaires, il aura droit à un supplément de salaire de .... et un supplément de ration composé de :

Poisson salé, 20 grammes, ou viande fraîche, 30 grammes.

3° En cas de travail à la tâche, la production minima devra être telle qu'elle assurera à l'ouvrier un salaire mensuel égal au moins au montant de 15 jours de travail calculé d'après les taux pratiqués dans la région.

d) M. .... s'engage à observer les prescriptions des décrets des 4 août 1922 et 9 juillet 1925, et vis-à-vis du nommé ...., celles qui font plus particulièrement l'objet des articles 15, 17, 18, 19, 21, § 2, 22, 23, 30 *in fine* du décret du 9 juillet 1925.

c) Le conseil d'arbitrage de .... sera compétent pour juger des contestations d'ordre civil à naître à l'occasion du présent contrat.

Le présent contrat, établi en triple, a été traduit au nommé .... avant signature.

Vu : (2).

(1) Quinze jours au moins, deux ans au plus.
(2) Le chef de circonscription ou de subdivision.

L'Enseignement professionnel

Nous avons dit que le recrutement des jeunes gens instruits dans la langue française est aisé au Cameroun.

L'arrêté du 23 juillet 1921 a reconstitué les écoles fermées pendant la guerre. L'enseignement comprend :

1° Un enseignement primaire élémentaire donné dans les écoles de premier degré (écoles de village), complété par les écoles du second degré (écoles régionales) fonctionnant dans les chefs-lieux de circonscription. Pour les adultes des cours spéciaux fonctionnent après les heures de classes ;

2° Un enseignement primaire supérieur donné à l'Ecole supérieure de Yaoundé ;

3° Un enseignement ménager.

L'enseignement professionnel est donné :

A l'Ecole professionnelle de Douala, à celle de Dschang et à celle d'Ebolowa. Celle de Douala est destinée à former des ajusteurs, tourneurs, forgerons, chaudronniers ;

A l'Ecole de jardiniers et de pépiniéristes. Trois écoles fonctionnent actuellement à Yaoundé, à Ebolowa et à Edéa ;

A l'Ecole de conducteurs d'automobile ;

A l'Ecole de cuisiniers ;

A l'Ecole d'imprimeurs-relieurs.

L'enseignement de la menuiserie, de la vannerie est donné à l'Ecole professionnelle d'Ebolowa, à celle de Dschang et dans les ateliers administratifs.

A noter le fonctionnement, à Yaoundé, de cours de médecine pratique, d'administration pratique et d'arpentage.

Le recrutement d'ouvriers spécialisés : charpentiers, menuisiers, maçons, mécaniciens, connaissant leur métier et parlant notre langue devient ainsi de plus en plus facile. Il en est de même pour les employés de factorerie et de bureau.

CHAPITRE X

L'INDUSTRIE. — LA PÊCHE ET LA CHASSE. — LES MINES

L'Industrie

Les industries indigènes au Cameroun sont : l'extraction et le travail du fer, la poterie, la filature et le tissage du coton, la teinturetie, le travail du cuir, la sparterie et la vannerie. On peut y ajouter la préparation de produits obtenus de matières premières extraites de végétaux spontanés qui constituent une véritable fabrication, par exemple la savonnerie, le tabac, la fabrication du caoutchouc, des textiles.

A l'exception du caoutchouc, de l'huile de palme et des palmistes, ces industries n'ont pas donné lieu à des transactions commerciales importantes.

Diverses sortes de caoutchoucs sont fabriquées par les indigènes. Leur valeur varie selon les procédés de fabrication et selon la variété du latex. La plus grande partie est produite par le *Funtumia elastica* ; les diverses variétés de lianes en fournissent une quantité appréciable.

Les procédés d'abord défectueux employés par les indigènes ont été peu à peu perfectionnés, grâce aux conseils des agents de l'Administration et des maisons de commerce.

Parmi les matières grasses, les produits du palmier à huile ont été les premiers exploités. Les indigènes extraient l'huile de palme par des procédés primitifs qui occasionnent de grosses pertes. Une partie est consommée sur place ; le reste est vendu aux maisons de commerce.

Après concassage, les graines fournissent les amandes de palme ou palmistes, objet d'un important trafic.

Les autres matières grasses d'origine végétale ne sont pas encore exportées. On peut citer le beurre de de karité.

Fig. 25. — Tunnel sur le chemin de fer du centre

Les indigènes obtiennent de nombreuses plantes, des textiles, des produits fibreux exportés ou susceptibles de l'être; du piassavia, extrait du tronc d'un palmier raphia; des fibres de raphia, des lanières de feuilles de palmier, des fibres d'ananas, d'okon (*Triumfetta*), etc. Ces textiles peuvent être produits en très grandes quantités.

Pour augmenter l'importance des produits préparés sur place, il y aurait un réel intérêt à introduire des procédés et des appareils perfectionnés. L'indigène, n'ayant plus guère que le travail de la récolte, produira davantage.

Pour le palmier à huile, notamment, l'extraction de l'huile au moyen de presses, le concassage mécanique des graines, s'imposent. Ces procédés donneront une grande extension à cette industrie.

La pêche et la chasse

LA PÊCHE

L'indigène se livre à la pêche pour assurer sa subsistance; le surplus alimente les marchés.

Le poisson est abondant dans les rivières et sur les côtes; il est également abondant dans les rivières du nord du territoire: la Bénoué et ses affluents, ainsi que le Logone. Les Kotokos du Logone et les Haoussas de la Bénoué réalisent de belles pêches avec des lignes de fond du type normal.

Tous les villages riverains se livrent à la pêche: le poisson séché, est ensuite répandu sur tout le territoire par les marchands ambulants.

La pêche au filet est pratiquée assez rarement, sauf sur le Logone. La nasse est employée partout, ainsi que les barrages formés de tiges de mil ou de paille très serrée. Les noirs emploient également le harpon pour les grosses espèces.

La pêche au poison est très répandue et les indigènes emploient deux poisons végétaux: les feuilles de *Tephrosia vogelii*, légumineuse souvent cultivée par champs entiers, sont employées pour l'empoisonnement des cours d'eau du bassin littoral, l'écorce de *Balanites ægyptiaca* est employée surtout dans le bassin de la Bénoué.

Les espèces les plus répandues dans les rivières sont les barbillons, les silures, le capitaine. On trouve aussi quelques langoustes aux points rocheux de la côte, des crevettes, des crabes aussi bien dans la mer que dans les eaux douces, des huîtres de palétuviers dans les estuaires et des huîtres plates sur les rochers.

Les populations de la côte jusqu'au Nyong, Doualas, Malimbas, Bakokos, sont surtout des pêcheurs temporaires se rendant, pour un certain temps, dans les campements provisoires des lieux de pêche appelés « kombwos ». Les Batangas, excellents marins, se livrent à la pêche en pirogue moustique, au moyen de deux lignes à la main.

La baie du Cameroun peut être le siège d'une exploitation européenne ayant pour activité le ravitallement de Douala en poisson frais, la pêche aux clipéidés (Harengs) qui apparaissent en quantités énormes pendant la saison sèche et qui sont surtout des aloses, le fumage après salaison du poisson acheté aux pêcheurs indigènes.

L'importance des problèmes concernant l'exercice et le développement de l'industrie des pêches n'a pas échappé à la puissance mandataire. Dernièrement, un préparateur du Muséum national d'Histoire naturelle, spécialisé dans les questions ichthyologiques, a accompli au Cameroun une fructueuse mission d'études. Il a été spécialement chargé de l'inventaire de la faune aquatique utile, de l'étude des pêcheries existantes, des méthodes locales de capture et de préparation du poisson et des mesures à préconiser pour intensifier la pêche indigène et européenne. L'ouvrage est en cours d'impression.

LA CHASSE

Le Cameroun, dans la forêt comme sur les savanes, est extrêmement giboyeux.

Dans la région forestière qui s'étend depuis la mer jusque vers 300 kilomètres dans l'intérieur, la chasse est difficilement praticable pour l'Européen. Le sol est extrêmement accidenté, raviné ; la marche y est rendue plus que pènible par les pentes abruptes, par l'épaisseur de la végétation. En outre, les pluies, si abondantes, transforment les vallées en marécages et enduisent le flanc des côteaux d'une épaisse boue glissante.

La seule manière de chasser dans la forêt, où la marche de l'Européen ne saurait être jamais silencieuse, est l'affût.

Dans les forêts du sud-est du Cameroun, infiniment moins accidentées, la chasse offrirait moins de difficultés.

La nomenclature du gibier qu'offre la Cameroun serait fastidieuse ; nous n'indiquerons que les animaux les plus recherchés soit pour leur utilité, soit pour leurs dépouilles.

On trouve partout des pigeons verts, des tourterelles, des perdrix, des pintades, des outardes, des canards sauvages, etc., qui offrent un appoint apprécié aux « popotes ». Nombreux également sont les oiseaux recherchés pour leurs plumes : le foliotocol, le merle métallique, les nombreuses variétés de colibris, les perroquets et les perruches, et, dans le Nord, les marabouts, les aigrettes, les flamands, les grues, les pélicans, etc., etc.

Diverses espèces de sangliers vivent dans la forêt et dans les savanes, ainsi que les innombrables variétés d'antilopes, depuis la petite biche nommée « biche cochon » jusqu'aux grandes espèces : l'antilope cheval.

Le bœuf sauvage, le buffle, se rencontrent depuis la mer jusqu'au Tchad.

Les éléphants sont encore assez nombreux, mais les gros mâles porteurs d'ivoire deviennent rares. Les rhinocéros vivent dans le nord-est du Cameroun, avec les girafes et les lions pullulent dans cette même contrée. Un peu partout on trouve la panthère, le léopard, le chat-tigre, le guépard et de multiples espèces de petits fauves, dont certaines sont appréciées pour leur fourrure : la loutre entre autres.

Dans la forêt, de la mer à la Sangha, se rencontrent le gorille dont la taille, parfois, dépasse 2 mètres ; les chimpanzés et d'innombrables singes dont les peaux sont actuellement utilisées pour les fourrures.

Les reptiles sont fort communs, depuis le python jusqu'au serpent-minute. Les vipères cornues, les serpents cracheurs, dangereux cependant, ne sont pas les plus redoutables.

Dans les rivières, nombreux sont les caïmans ; la grande espèce, de couleur jaunâtre, est à peu près inoffensive ; les mangeurs d'hommes appartiennent à une petite espèce, noire, au museau court et arrondi ; ils sont redoutables et viennent attaquer les indigènes qui se baignent ou lavent près de la rive. Ils sont heureusement peu nombreux.

Les hippopotames sont devenus rares, sauf dans les circonscriptions de Garoua et de Maroua.

La meilleure arme pour l'Européen désireux de se livrer à la grande chasse est la carabine double, genre « Holland », du calibre 450 à 500, soit de 10 à 11$^{m}/_{m}$1/2. Les balles blindées que tirent ces carabines foudroient les éléphants et les rhinocéros ; les balles demi-blindées sont aussi efficaces pour les buffles, les lions, etc. Des carabines à un seul canon, à répétition, tirent également cette même munition. Les tireurs infaillibles, seuls, emploient avec succès les petits calibres.

Pour la petite chasse, il existe de nombreuses carabines ; nous conseillons de ne pas employer les petits calibres : le calibre $8^{m}/^{m}$ n'est efficace, pour les antilopes, par exemple, qu'avec les balles demi-blindées, expansives, etc., et, comme nous le disions plus haut, entre les mains de très bons tireurs.

Pour l'Européen qui ne se livre qu'accidentellement à la petite chasse, nous conseillons un fusil de chasse, calibre 12, à deux coups. Les cartouches chargées avec des chevrotines permettent d'abattre, à bonne distance, des animaux de grande taille : sangliers, antilopes, léopards, etc. Si on fait rayer le canon gauche par exemple, sur la partie Chokebored, ce système permet de tirer des balles côniques. Ces balles prennent un mouvement de rotation suffisant pour obtenir une bonne précision au delà de 100 mètres, et elles sont efficaces même contre les buffles.

Les Mines et l'Industrie minière

Les Allemands n'avaient entrepris, qu'en 1912, une étude géologique sérieuse du Cameroun. Elle a été interrompue par la guerre. Les renseignements recueillis sont bien incomplets.

Les géologues allemands avaient surtout été attirés par la région montagneuse voisine de la Nigéria anglaise. Cette région est constituée en partie par des terrains volcaniques et des formations de crétacé dans l'arc de cercle de la rivière de la Croix (Cross River).

On a signalé de l'étain dans plusieurs endroits ; des gisements de pétrole près de Victoria. Ces gisements sembleraient peu importants.

Dans la région de Douala, il existe également des suintements de naphte, peu importants. Les études ont été interrompues par la guerre ; il serait intéressant de les reprendre.

Enfin, on a trouvé de l'or dans la vallée de la Bénoué, près de Garoua.

La partie sud du Cameroun a beaucoup d'analogie avec le Gabon : le sol y est généralement formé par des argiles superficielles dues à la décomposition des roches : schistes, granits, gneiss.

Les roches dominantes dans le sud et le centre du Cameroun sont des schistes cristallins dont l'assise a subi une percée violente lors des éruptions qui ont formé les massifs du Manenguba, N'Lonako, Koupé, déjà anciens, et lors des mouvements volcaniques plus récents de Nyombé.

Le sol, dans cette dernière région, est une masse de scories et pouzzolanes mélangée de pierre ponce.

L'étude géologique du Cameroun a été reprise en 1923 par un ingénieur des Mines, au service de l'administration du Territoire.

Les données que nous possédons permettent d'affirmer, eu égard à la diversité des terrains, aux intéressantes découvertes déjà effectuées en Nigéria, aux traces relevées, que le sous-sol, dans certaines régions, est susceptible de fournir des ressources considérables dans l'avenir.

En 1918, la Nigéria britannique a fourni 198.000 tonnes de houille, 7.760 tonnes de minerai d'étain. La même année, le Congo belge a produit 3.650 kilos d'or, 274 tonnes de cassitérites, 164.180 carats de diamant, 20.742 tonnes de minerai de cuivre. Or, ces colonies encerclent notre Afrique équatoriale et notre Cameroun, dotés de terrains de même nature.

CHAPITRE XI

LE COMMERCE

Les Centres. — Importations. — Exportations
Organisation des Maisons de Commerce. — Patentes et Licences

Il est généralement admis que le développement physique de l'homme doit être achevé avant son départ pour les colonies. Il serait donc peu prudent de partir trop jeune pour vivre à la côte d'Afrique. On risquerait d'y subir trop durement les atteintes du climat.

Y aller, pour la première fois, quand on approche de la cinquantaine, offrirait les mêmes inconvénients pour la santé, aussi bien que pour la conduite des affaires.

Si un Français veut faire valoir lui-même, dans le commerce, dans l'industrie, dans l'agriculture ou l'élevage, les capitaux dont il dispose, il fera sagement d'aller préalablement passer quelques mois au Cameroun. Il pourra ainsi étudier la question sur toutes ses faces, se documenter solidement sur l'importance des capitaux qui seront nécessaires, sur le matériel qu'il devra se procurer. S'il s'agit du commerce, il étudiera le nombre de comptoirs qu'il conviendra de créer, la source des produits, leur évacuation ; il notera les produits manufacturés qu'il devra réunir.

Pour l'industrie, il étudiera de même le matériel, les machines nécessaires. Il établira avec soin les prix de revient, les prix de vente.

Pour l'agriculture, ou l'élevage, son étude se portera sur la nature des terrains, les moyens d'évacuation, sur la main-d'œuvre.

Après quelques mois ou quelques semaines passés au Cameroun, il reviendra en France exactement renseigné ; il aura établi le budget de son entreprise, préparé toutes ses commandes : matériaux pour les constructions, machines, etc.

Avant de quitter le Cameroun, il pourra demander les conces-

Fig. 26. — Foumban. Le sultan s'élançant à la tête de ses cavaliers

Fig. 27. — Goulfei. Cavaliers du sultan

sions nécessaires à ses entreprises et laisser un représentant qui se chargera de suivre ces demandes.

Ainsi le futur colon n'aura perdu ni son temps ni son argent.

Quand il reviendra dans la colonie, avec le personnel voulu, il pourra, sans délai, commencer ses établissements.

Nous ne tenterons pas d'indiquer un chiffre pour les capitaux nécessaires à un établissement commercial ou industriel. Il dépend de trop nombreux facteurs. Les prix de revient varient tous les jours et on ne saurait, dans les temps actuels, indiquer avec précision le coût d'une maison.

Nous ne conseillons pas à l'Européen le petit commerce de détail. Les indigènes, dont les besoins sont limités, sont des concurrents redoutables. Le choix d'un associé, des employés, est une chose capitale. Combien d'entreprises ont échoué en l'absence du patron, du directeur, par suite d'une mauvaise gestion.

Les maisons de commerce sont déjà nombreuses et, parmi elles, des compagnies très importantes. Mais le territoire exploité s'agrandit peu à peu avec le prolongement des voies ferrées et l'extension du réseau routier. De nouveaux centres commerciaux se sont créés.

Il existe une autre catégorie de personnes qui, n'ayant pas de capitaux, désirent entrer dans les affaires coloniales comme employés de commerce, d'agriculture ou d'industrie.

A ces personnes, nous recommandons de ne pas partir à l'aventure, avec l'espoir de trouver un emploi sur place. En général, les maisons de commerce n'aiment pas à recruter dans la colonie, ou bien elles offriront des appointements inférieurs. Le candidat courra le risque de vivre à l'hôtel, durant des semaines, une existence très coûteuse et, dans tous les cas, il aura déboursé inutilement une somme élevée pour le passage, alors que la plupart des maisons transportent gratuitement l'employé engagé en France.

Les maisons de quelque importance sont représentées en France ou en Angleterre. C'est à elles qu'on devra s'adresser ou à l'Agence économique du Cameroun, à Paris, pour toute demande d'emploi ou pour offrir ses références.

On exige du débutant une bonne santé, une bonne instruction primaire. La connaissance de l'anglais est désirable au Cameroun, où une grande partie de la population indigène comprend cette langue, ou du moins le pidgin english parlé sur toute la côte.

Les élèves des écoles commerciales sont assez recherchés.

Nous conseillons enfin aux postulants d'étudier, de peser avec soin les clauses des contrats, afin d'éviter les contestations.

Les centres et débouchés offerts à l'industrie et au commerce métropolitains

Depuis la guerre, de nombreuses maisons de commerce, françaises et étrangères, se sont établies au Cameroun.

Les produits tirés des ressources naturelles du pays ou des plantations consistent en ivoire, en caoutchouc, huiles et amandes de palme, fèves de cacao, bois, etc., etc. Ils sont achetés contre espèces. Les indigènes se procurent de même les produits manufacturés dont ils ont besoin : bimbeloterie, ferblanterie, ustensiles émaillés, sucre, et, par dessus tout, le sel et les tissus.

L'essor commercial du pays est démontré par l'augmentation considérable des exportations et des importations. Celles-ci se sont élevées à 126 millions en 1925, laissant ressortir une plus-value de 52 millions sur l'année précédente. Les centres d'achat et de vente deviennent très nombreux et les indigènes y portent librement leurs produits. En 1926, la plus-value sur les importations, accentuée par la baisse du franc, a été plus considérable encore. Les entrées ont dépassé 190 millions.

Si le Cameroun reste exposé, comme tout pays, aux atteintes d'une crise générale, il est à l'abri d'une crise intérieure et l'indigène, dont les facultés de dépenses augmentent, s'y trouve dans un état de sécurité matérielle à peu près entier.

PRINCIPAUX PRODUITS IMPORTÉS ET EXPORTÉS

Le mouvement commercial, en 1895-96, se chiffrait au Cameroun par 12.000.000 de francs (5.100.000 francs aux importations et 6.900.000 aux exportations) ; en 1912, il s'élevait à 71.970.000 francs (42.800.000 francs aux importations et 29.170.000 aux exportations).

En 1926, le mouvement commercial s'est élevé à 318.035.405 francs, alors qu'il n'avait atteint que 140.903.118 francs en 1924, et 239.171.367 francs en 1925.

Importations

Les importations en valeur se répartissent ainsi :

	1925	1926
	—	—
France	40.914.157	85.125.017
Angleterre	52.216.370	55.793.063
Etats-Unis	10.159.870	17.719.661
Allemagne	10.756.150	14.111.974
Belgique	6.545.745	11.266.093
Hollande	1.161.499	1.304.913
Autres pays	4.332.562	6.628.331
	126.086.353	191.949.052

Les principaux produits importés sont les tissus de coton, les couvertures et bonneteries, la lingerie, les vêtements, la friperie, les poissons secs, le tabac en feuilles, le tabac préparé, le sel. Puis viennent ensuite les savons ordinaires et de parfumerie, la parfumerie de traite, le ciment, les ouvrages en métaux et les ouvrages en matières diverses. La France importe principalement les vins, les conserves alimentaires, la savonnerie, les articles de ménage.

PRINCIPALES IMPORTATIONS EN VALEUR

	1925	1926
	—	—
Tissus de coton	33.467.750 fr.	38.757.167 fr.
Tabac en feuilles	3.687.602 —	3.719.828 —
Tabac préparé	3.174.373 —	4.355.663 —
Sel	2.963.666 —	3.305.109 —
Couvertures et bonneterie	4.575.318 —	5.620.674 —
Lingerie, vêtements, etc.	4.311.929 —	6.376.619 —
Poissons secs	4.329.312 —	8.548.466 —
Riz	2.167.919 —	4.444.310 —
Pétrole et essence	2.338.090 —	6.089.307 —
Savons	1.395.915 —	1.993.949 —
Sacs vides	3.796.695 —	6.101.377 —

Exportations

C'est à partir de 1920 que le commerce s'est trouvé totalement dégagé des réglementations et restrictions édictées pendant toute la durée des hostilités et a pu choisir librement ses débouchés.

Il est intéressant de comparer les exportations de l'année 1924 à celles de 1925 en ce qui concerne les pays de destination.

Sur une exportation totale de 66.955.692 francs en 1924, la part de la France s'élevait à 17.966.989 francs. Elle est de 41.083.435 francs en 1925 sur une exportation de 113.085.014 francs, et de 65.673.777 francs en 1926 sur un total de 154.317.556 francs.

Pendant ce temps, les exportations à destination de l'Angleterre ont passé de 28.446.628 francs à 44.011.311 francs. Les exportations à destination des autres pays présentant quelque intérêt ont été les suivantes :

En 1912 : Suède, 3.706.480 francs ; Hollande, 1.310.200 francs.

En 1920 : Allemagne, 400.000 francs ; Etats-Unis, 579.280 fr. ; Belgique, 3.873.661 francs ; Hollande, 3.861.784 francs.

En 1925 : Allemagne, 30.410.118 francs ; Hollande, 3.096.638 francs ; Belgique, 1.327.108 francs.

En 1926 : Allemagne, 36.712.537 ; Belgique, 1.455.067 francs ; Hollande, 304.679 francs.

La hausse continue des cours d'un exercice à l'autre faussant, dans une certaine mesure, les comparaisons précédentes, basées sur la valeur, on trouvera ci-après, pour chacun des principaux produits, les quantités exportées à destination de France et de l'étranger pendant les deux dernières années.

DÉSIGNATION des PRODUITS	ANNÉE 1925			ANNÉE 1926		
	France et colonies	Étranger	Total	France	Étranger	Total
	kg.	kg.	kg.	kg.	kg.	kg.
Dents d'éléphant .	1.933.483	2.042.220	3.975.705	2.562,810	2.759,890	5.222,200
Amandes de palme	5.231.871	31.191.066	36.422.937	3.831.874	31.646.894	35.478.768
Cacao en fèves ...	4.889.491	27.833	4.917.324	5.055.219	293.414	5.348.633
Huile de palme ..	530.976	5.743.914	6.274.890	1.431.587	4.380.195	5.811.782
Caoutchouc	503.704	250.096	753.800	1.018.558	18.574	1.037.132
Bois à construire .	7.542.540	2.729.770	10.272.313	8.302.326	2.468.283	10.770.609
Bois d'ébénisterie.	9.692.593	8.113.574	17.806.167	19.388.657	3.403.451	22.792.108

Le développement économique du Cameroun, qui s'est manifesté depuis le Traité de paix, apparaît clairement des statistiques douanières. Le mouvement commercial est en progression constante tant à l'importation qu'à l'exportation. L'activité commerciale ressort nettement si on examine le mouvement des navires dans le port de Douala au cours des années ci-après :

Années	Navires entrés	Tonnes débarquées	Tonnes embarquées
1917...	69	14.480	11.230
1918...	45	12.922	9.336
1919...	113	11.381	45.642
1920...	138	26.053	29.084
1921...	178	14.210	23.903
1922...	192	18.028	31.910
1923...	194	27.000	68.000
1924...	266	41.000	81.000
1925...	227	42.000	90.000
1926...	249	56.420	81.200

Le pavillon français a été représenté, en 1925, par 132 navires, ayant débarqué 25.498 tonnes et embarqué 47.516 tonnes.

Les Anglais n'ont que 57 navires, mais le tonnage débarqué est de 11.513 tonnes et le tonnage embarqué de 35.318 tonnes.

Viennent ensuite les Hollandais avec 1.691 tonnes à l'entrée et 3.496 tonnes à la sortie, et les Américains avec 2.190 tonnes à l'entrée et 16 tonnes seulement à la sortie.

Au cours de cette dernière année, le mouvement de la navigation s'est non seulement développé, mais surtout régularisé. Les possibilités de fret s'étant développées, les compagnies françaises et étrangères ont organisé des services réguliers tant pour les voyageurs que pour les marchandises.

Organisation des maisons de commerce

L'organisation commerciale au Cameroun, comme dans les colonies de la côte d'Afrique, est la « factorerie » avec, pour les principales maisons, son siège principal à Douala. Les « opérations », les « filiales » sont disséminées dans les points de traite accessibles par eau ou par voie ferrée ; elles sont tenues par des traitants indigènes.

Ce commerce est exercé généralement par des Sociétés anonymes à gros capitaux, opérant dans plusieurs colonies françaises ou étrangères. Dans chacune de ces colonies se trouve, en général au chef-lieu ou au principal port, un agent principal (agent général ou directeur) qui relève directement de la maison mère métropolitaine. Quelques compagnies ont des inspecteurs qui vont vérifier tous les ans les opérations des factoreries. Les agents principaux ont sous leurs ordres immédiats un personnel européen et indigène souvent nombreux, avec lequel ils administrent le comptoir du lieu et assurent la besogne de la direction générale pour le territoire, des agents européens placés dans les factoreries des centres, et des agents indigènes sur les points de moindre importance.

Les maisons de commerce importantes effectuent les opérations de gros, de demi-gros et de détail. Elles ne sont généralement pas séparées en maisons d'importation et d'exportation : elles expédient et reçoivent ; quelques maisons, cependant, sont seulement importatrices ; d'autres, exportatrices.

Les frais généraux d'une maison européenne sont élevés. Leur personnel métropolitain exige un confort d'installation et d'alimentation assez coûteux ; les appointements sont satisfaisants et les frais de rapatriement pour les congés ou pour les cas de maladie sont élevés. Certaines maisons possèdent des chaloupes à vapeur ou à pétrole, des chalands, des camions automobiles ; un mécanicien européen est indispensable.

Les produits sont apportés aux factoreries par les indigènes récolteurs, ou par des intermédiaires qui les achètent dans les villages. Ils sont ensuite dirigés sur Douala par les voies ferrées ou sur les rivières.

Les Sociétés commerciales métropolitaines centralisent les commandes qui leur sont adressées par leurs établissements coloniaux et les font exécuter par leurs correspondants des différents pays. Ces maisons sont ainsi leurs propres commissionnaires. C'est par l'intermédiaire des maisons-mères que se règlent les ventes et les achats.

Les particuliers établis à leur compte s'adressent soit à des commissionnaires, soit à des producteurs ou expéditeurs directs.

Le troc, c'est-à-dire l'échange de marchandises contre des produits, a disparu complètement ; l'indigène vend contre espèces et il paie en espèces.

Au Cameroun, le commerce a élevé de nombreuses constructions dans tous les centres urbains. Les sociétés ont acheté des immeubles des anciens occupants. Ces bâtiments, en ciment armé ou en blocs artificiels, sont d'aspect massif et peu colonial. Des notables indigènes avaient construit des habitations de style européen, qu'ils louent actuellement à des prix élevés.

L'industrie s'organise peu à peu et le commerce trouve sur place les matériaux nécessaires aux constructions : briques, planches, madriers, poutres, tôles, etc. Des entrepreneurs de travaux sont établis à Douala.

A Douala, fonctionnent la Banque française de l'Afrique, la Banque de l'Afrique occidentale, la Banque commerciale africaine et la Bristish Bank of West Africa.

Employés de commerce. — Le personnel européen du commerce est généralement recruté en France. Il se compose ordinairement pour les Français, de jeunes gens ayant accompli leur service militaire et possédant des notions de comptabilité.

Malgré le peu d'ancienneté de nos établissements, il se forme déjà un personnel flottant, peu nombreux, qui passe, sur place, d'une maison à une autre et provient de ruptures de contrat survenues dans la colonie ou après rapatriement. Ce personnel possède sans doute une expérience coloniale appréciable, mais les ruptures de contrat ne sont pas toujours à son avantage.

Il existe, en outre, un personnel indigène, écrivains, dactylographes, boutiquiers, etc. Le Cameroun en a fourni un nombre restreint : avant la guerre, les jeunes gens n'avaient, en effet, qu'une instruction anglaise ou allemande. Nos écoles forment actuellement des élèves instruits, aptes à occuper divers emplois.

Patentes

Le commerce est astreint au droit de patente. Les rôles sont dressés chaque année par les Administrateurs pour leur circonscription respective, et rendus exécutoires par le Commissaire de la République en Conseil d'administration.

L'arrêté du 23 août 1919, modifié par ceux du 7 octobre 1920, 16 septembre 1925 et 5 octobre 1926 a réglementé les patentes au Cameroun :

Arrêté du 23 août 1919

Section I. — Principes généraux

Art. 1er. — Tout individu français ou étranger, sujet français ou étranger qui exerce au Cameroun un commerce, une industrie, une profession, non compris dans les exemptions déterminées par le présent arrêté, est assujetti à la contribution des patentes.

Art. 2. — La contribution des patentes consiste en un droit fixe, réglé conformément aux tableaux A. B. C. D. portant classement général des commerces, industries et professions annexées au présent arrêté.

Art. 3. — Les commerces, industries et professions non dénommés dans ces tableaux, ou ne figurant pas sur la liste des exemptions, n'en sont pas moins assujettis à la patente.

Les droits auxquels ils doivent être soumis sont réglés, d'après l'analogie des opérations ou des objets de commerce, par un arrêté spécial du Commissaire de la République française, sur la proposition du commandant de cercle ou de circonscription administrative intéressé.

Art. 4. — Le patentable qui, dans le même établissement, exercera plusieurs commerces ou plusieurs industries, ou plusieurs professions, est, dans chacune de ces catégories, soumis à une seule patente qui correspond au droit le plus élevé de ceux qu'il aurait à payer s'il était assujetti à autant de patentes qu'il exerce de professions.

Le patentable qui exerce dans le même établissement un commerce et en même temps une industrie ou une profession, est assujetti à deux patentes distinctes correspondant, l'une au commerce, l'autre à l'industrie ou à la profession. De même le patentable possédant un établissement fixe, mais qui achète les produits du cru hors de son établissement ou d'un marché autorisé, ou qui fait du commerce ambulant de marchandises d'importation, est assujetti à la fois à une patente du tableau A et à une patente du tableau B.

Art. 5. — Lorsque dans un établissement sont exercés plusieurs commerces, ou un commerce et une industrie, ou une profession, le titulaire de la patente la plus élevée est censé, jusqu'à preuve du contraire, exercer personnellement les autres commerces, professions ou industries. Au cas où les personnes exerçant ces commerces, industries ou professions, seraient reconnues comme agissant chacune pour leur propre compte, il serait fait à chacune d'elles application des dispositions de l'article 4 ci-dessus, sans préjudice des pénalités dont elles pourraient être l'objet pour défaut de déclaration, conformément à l'article 24 du présent arrêté.

Art. 6. — Sont considérés comme formant un même établissement : les magasins, boutiques ou comptoirs installés dans le même immeuble et communiquant librement entre eux.

Art. 7. — Le patentable ayant plusieurs établissements, boutiques ou magasins de même espèce ou d'espèces différentes, est assujetti à des patentes distinctes en raison du commerce, de l'industrie ou de la profession exercée dans chacun de ces établissements, boutiques ou magasins.

Les entreprises de transport par terre ou par eau ne payent qu'une seule patente pour la colonie, quel que soit le nombre des établissements appartenant à cette entreprise.

Art. 8. — Ne sont pas assujettis à la patente :

1° Les fonctionnaires et agents salariés des services publics ;

2° Les dentistes, médecins, sages-femmes ;

3° Les officiers ministériels ;

4° Les professeurs de belles-lettres, sciences, art d'agrément, les artistes dramatiques et lyriques, les éditeurs périodiques ;

5° Les cultivateurs et éleveurs, seulement pour la vente et manipulation des récoltes et fruits provenant des terrains exploités par leurs soins et pour le bétail qu'ils élèvent ;

6° Les concessionnaires de mines ou carrières pour le seul fait de l'extraction ou de la vente des matières par eux extraites, l'exemption ne pouvant en aucun cas être étendue à la transformation des matières extraites ;

Les propriétaires ou fermiers des marais salants ;

7° Les pêcheurs, piroguiers, lors même que les barques qu'ils montent leur appartiendraient ;

8° Les caisses d'épargne et de prévoyance administrées gratuitement, les assurances mutuelles régulièrement autorisées ;

9° Les commis, ouvriers, employés travaillant à gages, à façon ou à la journée dans les bureaux, maisons, ateliers ou boutiques des personnes de leur profession ;

10° Les personnes (commerçants ou non commerçants) qui vendent sur les marchés et qui payent sur ceux-ci des droits de place, mais, en ce qui concerne les commerçants, uniquement pour leurs ventes sur le marché qui, au point de vue fiscal, sont indépendantes des opérations commerciales qu'ils effectuent dans leurs magasins ou boutiques et pour lesquelles ils acquittent patente.

Les personnes qui vendent en ambulance dans les rues et lieux de passages de menus objets, tels que cola, tabac, allumettes, et qui auraient acquitté les droits de place sur les marchés.

Les détaillants vendant des vivres sur les routes, à l'exclusion des boissons alcooliques, quel que soit leur degré.

Section II. — Rôle des patentes

ÉTABLISSEMENT — PUBLICITÉ — APPROBATION

Art. 9. — Quiconque entreprend un commerce, une industrie ou une profession, doit, dans la huitaine, en faire la déclaration à l'administrateur de la circonscription où il ouvre son établissement.

Cette déclaration doit être faite également dans le même délai par le patenté qui entreprend un commerce, une industrie ou une profession soumis à une taxe plus élevée que celle à laquelle il était assujetti antérieurement.

Une formule de patente est alors remise à l'intéressé et visée par les soins de l'administrateur ; cette formule doit, par la suite, être représentée à toute réquisition des agents de l'Administration. Lorsque la patente ne peut être délivrée immédiatement au déclarant, il lui est remis un certificat constatant sa déclaration.

Art. 10. — La patente est personnelle et ne peut servir qu'à celui à qui elle a été délivrée.

Art. 11. — La patente est annuelle. Elle est due pour l'année entière, sauf exceptions prévues aux articles 13 et 19, par tous les individus exerçant au 1er janvier un commerce, une industrie ou une profession imposable.

Art. 12. — *Rôles principaux.* — Dans chaque circonscription, il est procédé en fin d'année, par les soins de l'Administration, à un recensement de toutes les personnes imposables au titre des patentes et présumées continuer leur opérations au 1er janvier de l'année suivante.

Toutes les entreprises de transport, les établissements d'entrepôt et de magasins généraux, les commissionnaires et consignataires, les banques ou établissements de crédit important des marchandises pour le compte de tiers, sont tenus de laisser prendre connaissance des registres de commandes, de réception, d'expédition et de livraison des marchandises aux agents de l'Administration chargés de l'établissement des rôles de patente.

La liste, établie comme il est dit au paragraphe 1, est soumise, dans le courant du mois de décembre, à une commission composée sous la présidence de l'administrateur ou de son délégué, et, suivant l'importance de la circonscription, de deux à quatre négociants désignés, chaque année, par le Commissaire de la République.

Cette Commission est chargée, en utilisant les renseignements qui peuvent être en sa possession, d'effectuer la classification des personnes soumises à la patente, d'après la nature de leurs opérations et actes de commerce, et sans que la quotité de la taxe imposée puisse à aucun moment être prise en considération. Elle formule son avis sur la catégorie à laquelle doit être classé chaque patentable, mais il ne lui appartient pas de faire application des tarifs.

La classification provisoire ainsi obtenue et qui sert de base à l'établissement des rôles, est soumise au contrôle d'une commission centrale siégeant à Douala, composée du délégué du Commissaire de la République, président ; de deux fonctionnaires et de deux commerçants désignés dans les mêmes conditions.

Avant d'être transmis au Commissaire de la République pour être soumis au contrôle de la commission centrale, les rôles sont tenus, pendant une période de quinze jours, à la disposition des contribuables, dans les bureaux de la circonscription.

L'administrateur prend toutes les mesures nécessaires pour que la population soit informée des dates auxquelles commence et finit cette période durant laquelle sont reçues les réclamations.

Celles reconnues valables par l'administrateur donnent lieu à une rectification immédiate.

Celles qu'il juge douteuses et non fondées sont transmises par lui, avec son avis motivé, au Commissaire de la République, qui peut y donner suite avant l'approbation des rôles.

Les contribuables qui négligeront de prendre connaissance des rôles et de produire leurs réclamations devant l'administrateur pendant ce délai de 15 jours, seront déclarés forclos pour tout recours contre des inscriptions portées aux rôles autre que le recours devant le Conseil du contentieux.

Art. 13. — *Rôles supplémentaires.* — Il est ouvert dans chaque circonscription, au début de chaque trimestre, un rôle supplémentaire sur lequel sont inscrits, au fur et à mesure des déclarations ou des découvertes :

1° Les patentables qui entreprendront dans le cours de l'année une profession sujette à patente. La taxe est due à partir du premier jour du trimestre dans lequel ils ont commencé à exercer, à moins que par sa nature la profession ne puisse pas être exercée toute l'année. Dans ce cas, la contribution est due pour l'année entière, quelle que soit l'époque à laquelle la profession aura été entreprise. A cette catégorie de patentables, il convient, notamment, de rattacher les entrepreneurs des travaux publics;

2° Les patentés qui, dans le cours de l'année, entreprennent une nouvelle profession comportant un droit de patente plus élevé : ils sont tenus de payer, pour compter du premier jour du trimestre pendant lequel cette modification s'est produite, une taxe supplémentaire égale à la différence entre la taxe afférente à la profession primitive et celle afférente à la nouvelle profession;

3° Ceux qui, antérieurement au 1er janvier, ont apporté dans la nature de leur commerce, industrie ou profession, des modifications entraînant le payement d'une contribution supérieure à celle pour laquelle ils ont été primitivement imposés : le supplément de taxe à percevoir est dû à compter du 1er janvier seulement;

4° Les patentables omis lors de la confection des rôles primitifs et qui exerçaient, avant le 1er janvier, un commerce, une industrie ou une profession imposable. La contribution est due pour l'année antière et seulement à compter du 1er janvier de l'année pour laquelle l'omission a été commise sur le rôle primitif.

Les rôles supplémentaires sont établis dans la forme des rôles principaux, soumis aux mêmes conditions que ces derniers pour la publicité et la présentation des réclamations, contrôlés comme eux par la commission centrale et approuvés et rendus exécutoires par le Commissaire de la République.

Art. 14. — Les Chefs de circonscription doivent prendre leurs dispositions pour transmettre ensemble, au chef-lieu, les rôles primitifs ou supplémentaires des diverses subdivisions composant leurs circonscriptions.

Section III. — Réclamations

Art. 15. — Les demandes en décharge ou réduction fondées sur un droit lésé et mettant en jeu l'existence même du rôle correspondant doivent, pour donner lieu à rectification immédiate, être présentées au Chef de circonscription et adressées, s'il y a lieu, au Commissaire de la République avant l'expiration du délai de quinze jours, pendant lequel les rôles sont tenus à la disposition du public. Le délai écoulé, elles ne peuvent plus qu'être déférées au Conseil de contentieux dans les trois mois de la publication des rôles.

Art. 16. — Les demandes en remise ou modération qui n'attaquent pas les rôles et sont fondées sur un simple intérêt doivent être adressées au Commissaire de la République, qui statue après avis du Chef de la circonscription.

Les demandes collectives ou individuelles basées sur la perte totale ou partielle provenant d'événements extraordinaires sont adressées dans le mois de l'événement qui les motive.

Les demandes individuelles, basées sur la gêne ou l'indigence du patentable, sans que cette situation puisse provenir du défaut de prospérité plus ou moins passagère d'entreprises commerciales ou industrielles, sont recevables à toute époque.

Art. 17. — *Transferts de patentes.* — En cas de cession d'établissement, la patente est, sur la demande du cédant ou du concessionnaire, transférée à ce dernier. La demande est recevable dans le délai de trois mois à partir de la cession d'établissement ou de la publication du rôle supplémentaire dans lequel le cessionnaire aura été personnellement imposé pour l'établissement cédé, et la mutation de cote réglée par le Commissaire de la République.

Les droits qui formeraient double emploi sont alloués en décharge.

Le transfert de patente peut également dans ce cas être proposé d'office par l'administrateur de la circonscription intéressée qui doit s'être assuré qu'il y a réellement cession d'établissement et qu'il y a plein accord à ce sujet entre le cédant et le cessionnaire. Les propositions, appuyées d'un rapport, sont consignées sur un état spécial et soumises à l'approbation du Commissaire de la République.

Art. 18. — En cas de transfert d'un établissement d'une localité dans une autre située dans la même circonscription, le patentable doit en aviser l'administrateur dans un délai de huitaine. Le rôle est annoté en conséquence, mais il n'y a pas lieu à nouvelle inscription à un article du rôle. Si l'établissement est transféré d'une circonscription dans une autre, le patentable doit déclarer ce transfert à l'administrateur de chacune des deux circonscriptions. Il doit se libérer intégralement, dans le lieu où il est inscrit sur le rôle des patentes, du payement de cette contribution pour l'exercice en cours. En ce cas, et pour cette même année, le patentable ne sera inscrit sur les rôles supplémentaires de sa nouvelle résidence que s'il entreprend un commerce, une profession ou une industrie soumise à une taxe plus élevée.

A défaut de déclaration ou à défaut de payement intégral antérieurement au transfert d'établissement, il sera fait strictement application au patentable, pour chacun de ces établissements, des dispositions combinées des articles 11 et 13 ci-dessus.

Art. 19. — En cas de fermeture définitive des établissements, magasins, ateliers, comptoirs, par suite de décès, liquidation judiciaire ou faillite déclarée, la patente n'est due que pour les trimestres écoulés et le trimestre en cours. Le patentable, son représentant légal ou ses ayants-droit sont admis à adresser, au Commissaire de la République, une demande en décharge du surplus de la taxe.

La réclamation doit être présentée dans les trois mois ayant suivi la fermeture définitive de l'établissement et, au plus tard, dans les trois mois de la publication du rôle si cette publication a eu lieu postérieurement à la dite fermeture.

Section IV. — Recouvrement

Art. 20. — Le recouvrement des rôles est assuré par le trésorier-payeur et les préposés du Trésor dans l'étendue de leur résidence, et, dans les circonscriptions, à la diligence des administrateurs et commandants des circonscriptions.

Art. 21. — Sauf les exceptions déterminées ci-après, les patentables sont admis à se libérer soit en un seul terme, au début de l'exercice, soit par trimestre et de la façon suivante : le 1er trimestre avant le 1er février, le 2e trimestre avant le 1er mai, le 3e trimestre avant le 1er août, le 4e trimestre avant le 1er novembre.

Sont tenus d'acquitter en un seul terme, au début de l'exercice ou au moment de la déclaration, le montant total de leur contribution :

1° Les patentables n'exerçant pas à demeure le commerce, l'industrie ou la profession pour lequel ils sont imposés ;

2° Les patentables qui ont été précédemment l'objet de poursuites pour le recouvrement de leur patente ;

3° Les titulaires de patentes de traite inscrites au tableau B.

Section V. — Pénalités, poursuites

Art. 22. — Tout individu qui aura exercé sans déclaration un commerce, une industrie ou une profession non exemptée, sera passible des peines de simple police ; il sera, en outre, après constatation par procès-verbal, contraint au payement de la patente pour l'année entière et d'une taxe supplémentaire égale au double du droit fraudé pour les patentes au-dessus de 100 francs, et égales au droit fraudé pour les patentes de 100 fr. et au-dessous.

Cette taxe supplémentaire sera perçue sans délai par l'autorité administrative et la déclaration de versement régularisée par inscription au rôle supplémentaire du trimestre en cours.

Art. 23. — A défaut de payement de la patente, le recouvrement en sera poursuivi conformément aux règles de procédure édictées par les articles 178 et suivants du décret du 30 décembre 1912.

Lorsque le patentable use de la faculté de s'acquitter par trimestre, un retard de trois mois sur la date fixée rend *ipso facto* exigibles les termes non échus.

Les frais de poursuite sont réglés conformément au tarif général en vigueur dans la colonie.

Art. 24. — Les administrateurs, résidents, chefs de poste, agents des douanes, commissaires et agents de police ont qualité pour constater les infractions au présent arrêté.

TABLEAU A

PATENTES DE COMMERCE

(Arrêté du 5 octobre 1926, complété par l'arrêté du 20 janvier 1927)

Commerçants ayant un établissement fixe

1re classe

Etablissements faisant à la fois l'importation et l'exportation .... 5.000 fr.

2e classe

Etablissements faisant l'importation directe .... 2.750 fr.

3e classe

Etablissements faisant l'exportation directe .... 2.000 fr.

4e classe

Etablissements, succursales ou non succursales d'autres établissements se livrant à toutes opérations de commerce intérieur (achat de produits du crû cédés ou livrés sur place aux établissements faisant l'exportation directe, revente des marchandises achetées ou fournies sur place par les établissements faisant l'importation directe .... 1.000 fr.

5e classe

Boutiques de détail tenues par des commerçants n'ayant aucun employé, ne vendant que de menus objets (bimbeloterie et étoffes, sel, etc.) ne faisant aucun achat de produits du crû et situées à au moins 5 kilomètres en dehors du périmètre des chefs-lieux de circonscription et de subdivision .... 150 fr.

6e classe

Etablissements, succursales ou non succursales d'autres établissements se livrant, concurremment avec toutes opérations de commerce intérieur d'importation ou d'exportation, au commerce des boissons à emporter pour les boissons alcooliques .... 1.000 fr.

7e classe

Etablissements, succursales ou non succursales d'autres établissements se livrant, concurremment avec toutes opérations de commerce intérieur d'importation ou d'exportation, au commerce des boissons à emporter pour les boissons hygiéniques .... 500 fr.

TABLEAU B

PATENTES DE TRAITE

1re classe

Toute personne qui, n'ayant d'établissement fixe, exporte directement des animaux .... 1.500 fr.

2e classe

Toute personne qui achète des animaux en dehors d'un établissement fixe pour les revendre sur place .... 600 fr.

3e classe

(Réservée aux indigènes)

Toute personne, de statut indigène, se livrant au commerce exclusivement pour son compte, qui achète des produits du crû en dehors d'un établissement fixe pour les revendre sur place, l'exercice de cette patente n'étant admis qu'en dehors d'une zone de 5 kilomètres de rayon autour des centres urbains où existent des établissements fixes. Circonscriptions de Garoua, Maroua et Ngaoundéré. 500 fr.

Toutes autres circonscriptions .... 1.000 fr.

4e classe

Tout commerçant ambulant ne transportant pas plus de dix charges, celles-ci ne comportant que des marchandises d'importation (étoffes, bimbeloterie, sel, etc.) et pas de produits du cru (avec augmentation de 5 francs par charge supplémentaire) .... 100 fr.

TABLEAU C

PATENTES PROFESSIONNELLES OU INDUSTRIELLES

1re classe

1° Etablissements de crédit .... 5.000 fr.
2° Armateurs et compagnies de navigations au long cours 5.000 fr.
3° Compagnies de chemin de fer .... 5.000 fr.
4° Ateliers, usines et manufactures employant plus de 20 ouvriers ou employés .... 5.000 fr.
5° Compagnies et entreprises effectuant des opérations d'embarquement et de débarquement à bord des navires.. 5.000 fr.
6° Architectes, entrepreneurs de travaux publics ou de travaux privés .... 5.000 fr.
7° Exploitants de magasins généraux et concessionnaires d'entrepôts .... 5.000 fr.
8° Hôtels, restaurants, cafés, théâtres, spectacles, concerts .... 5.000 fr.

2e classe

Pharmaciens, médecins, avocats, agents d'affaires (si ces professions sont exercées à Douala) .... 4.000 fr.
Succursales des Etablissements de crédit .... 1.000 fr.

3e classe

1° Ateliers, usines, manufactures, occupant de 1 à 20 ouvriers ou employés .... 2.000 fr.
2° Armateurs et compagnies de navigation au cabotage ou bornage, ou se livrant à la navigation fluviale (pour l'établissement principal) .... 2.000 fr.
3° Assureurs, agents de douane, transitaires, consignataires de navires .... 2.000 fr.
4° Pharmaciens, droguistes, médecins (si cette profession est exercée dans un centre autre que Douala) .... 2.000 fr.

4e classe

1° Coupeurs de bois et entrepreneurs de transports et de camionnage occupant plus de 10 employés .... 800 fr.
2° Coupeurs de bois et entrepreneurs de transport et de camionnage occupant 1 à 10 employés .... 600 fr.

5e classe

1° Bijoutiers, horlogers, libraires, photographes, tailleurs et généralement tous les artisans :
a) S'ils occupent plus de trois personnes non compris le patenté .... 200 fr.

b) S'ils occupent trois personnes ou moins non compris le patenté .... 150 fr.
c) Boulangers, bouchers, charcutiers................. 150 fr.

LICENCES

Le décret du 18 décembre 1925, réglemente la vente des boissons alcooliques ou spiritueuses et des boissons hygiéniques, et fixe les licences applicables au commerce de ces boissons dans le territoire du Cameroun.

La vente, à un titre quelconque, des boissons alcooliques distillées ou fermentées, ainsi que la fabrication et la vente des boissons hygiéniques fermentées sont soumises, dans le territoire du Cameroun, placé sous mandat français, à un droit de licence.

Sont réputées boissons alcooliques, celles qui sont le produit de la distillation et toutes autres boissons additionnées d'alcool ou fermentées non comprises parmi les boissons hygiéniques.

Outre les boissons non fermentées, sont réputées boissons hygiéniques :

1° Les vins ordinaires et supérieurs blancs ou rouges, provenant exclusivement de la fermentation du jus de raisin frais et ne titrant pas plus de 14 degrés ;

2° Les vins mousseux naturels dont l'effervescence résulte d'une seconde fermentation en bouteille, soit spontanée, soit produite suivant la méthode champenoise ou par addition d'acide carbonique pur ;

3° L'hydromel préparé avec du miel dissous dans l'eau et additionné de vin blanc naturel ;

4° Le cidre et le poiré résultant de la fermentation du jus des pommes et des poires fraîches avec ou sans addition de sucre ;

5° La bière provenant de la fermentation d'un moût préparé à l'aide de malt d'orge ou de riz, de houblon et d'eau ;

6° Les jus fermentés de fruits frais tels que : orange, ananas, calebasse, framboise, grenade, cerise, groseille, etc.

Toute personne qui voudra ouvrir soit une brasserie, soit une fabrique de boissons hygiéniques, soit un magasin de vente de boissons à emporter, soit un débit de boissons à consommer sur place, devra, préalablement à l'ouverture de son établissement déposer au bureau de la subdivision une déclaration écrite indiquant :

1o Ses nom, prénoms, date et lieu de naissance, profession et domicile ;

2o Le lieu où doit être ouvert l'établissement ;

3o A quel titre le demandeur doit le gérer et les noms, prénoms, professions, domiciles des propriétaires s'il y a lieu.

Le demandeur étranger ressortissant d'une nation qui n'a pas avec la France un traité d'échanges des casiers judiciaires, devra joindre à sa demande la pièce correspondant, dans son pays, au bulletin no 2 du casier judiciaire français.

Ne peuvent exercer la profession de brasseur fabricant de boissons hygiéniques, débitant de boissons à consommer sur place ou à emporter pour leur propre compte ou pour le compte d'autrui, les indigènes, les mineurs même émancipés, les interdits ou tout individu condamné, pour quelque cause que ce soit, à une peine criminelle ou à une peine correctionnelle d'emprisonnement ; enfin, tout individu ayant été condamné pour contravention aux lois, décrets et arrêtés dont l'application est confiée au service des contributions indirectes.

Le cumul de la vente des boissons avec un autre commerce comporte le payement de la licence et de la patente afférente au commerce des boissons en plus du payement de la patente applicable au second commerce.

1o Aucun débit de boissons alcooliques à consommer sur place ne peut être ouvert dans les agglomérations dont la population européenne n'atteint pas vingt individus ;

2o Dans les agglomérations où la population européenne atteint le nombre de vingt individus, il pourra être autorisé un débit ;

3o Dans le cas où la population dépassera 20 Européens, il pourra être autorisé un débit par 20 Européens ; toute fraction en sus, égale à 10 sera comptée pour 20 ;

4o Aucun débit de boissons hygiéniques au détail ou à consommer sur place ne peut être ouvert dans les agglomérations où la population autochtone n'égale pas 1.000 individus. Dans le cas où la population autochtone globale dépassera 1.000 personnes, il pourra être autorisé un débit par 1.000 habitants ; toute fraction en sus, égale à 600, sera comptée pour 1.000.

Toutefois, et à titre exceptionnel, le Commissaire de la République française pourra autoriser dans les chefs-lieux de circonscription, de subdivision ou dans les localités surveillées, l'ouverture d'un débit de boissons hygiéniques vendant à consommer sur place, même si le chiffre de la population de ces agglomérations se trouve inférieur au minimum exigé au présent paraphe.

Le taux des licences est fixé conformément au tableau ci-après :

CATÉGORIES	1re classe	2e classe	3e classe	4e classe	5e classe
1re catégorie : localité de plus de 60 européens et de 5.000 indigènes	4.000	3.000	2.500	1.200	800
2e catégories : localités de 20 à 60 européens ou de 1.000 à 5.000 indigènes	3.000	2.000	2.000	800	600
3e catégorie : localités de 20 européens ou 1.000 indigènes.....	3.100	1.500	1.200	600	500

En vertu du décret du 23 janvier 1927, aucune vente, aucun achat ni aucun transport de boissons alcooliques ou hygiéniques ne pourra s'effectuer sans autorisation prélable des autorités locales. Les contrevenants sont passibles de sanctions judiciaires ou administratives (emprisonnement, amende, confiscation des liquides, retrait de licences, de patentes, de concessions provisoires ou de permis forestiers).

Fig. 28. — Soug-Bambé. Femmes et enfants

Fig. 29. — Oulou. Un coin de rue

CHAPITRE XII

RÉGIME DOUANIER
ÉTABLISSEMENTS DE CRÉDIT

Régime douanier

Le régime douanier du Cameroun résulte du décret du 7 août 1920, qui a rendu applicable au territoire les dispositions du décret du 11 octobre 1912 fixant les droits d'entrée et de sortie à percevoir dans l'Afrique Equatoriale Française, le Gabon excepté.

Cette mesure, qui semble à première vue constituer le Cameroun en Union douanière avec le Gouvernement général voisin, avait au contraire pour but et a eu pour effet de constituer le Cameroun en région douanière autonome sur la base de l'égalité économique absolue.

Dans les rapports entre le Cameroun et l'Union douanière de la France et de ses colonies assimilées, aucun traitement préférentiel n'existe en ce qui concerne l'entrée des produits sur le territoire et leur sortie du territoire, quelles que soient la provenance et la destination.

Les produits originaires du Cameroun étaient assujettis, à leur entrée sur le territoire français, au tarif ordinaire : le territoire était donc traité comme un pays étranger ne jouissant d'aucun traitement de faveur.

Il a paru possible d'atténuer la rigueur d'un pareil traitement et de frapper simplement des droits du tarif minimum les produits du Cameroun à leur entrée en France, sans rompre en quoi que ce soit l'égalité douanière. C'est, en effet, non pas un certificat de francisation, mais un certificat d'origine qui est exigé pour l'admission au tarif minimum et le bénéfice éventuel d'exemptions ou de détaxes. Pourront en bénéficier les ressortissants d'une puissance quelconque exportateurs au Cameroun, aucune considération de nationalité n'intervenant en la circonstance. En d'autres termes, le territoire, qui était dans ses relations avec la métropole française comme une nation étrangère défavorisée, *est traité maintenant comme une nation étrangère favorisée.*

La mercuriale des produits à l'exportation, qui sert de base de calcul à la perception des droits de sortie, est fixée selon une procédure libérale : la mercurialisation est, en effet, confiée à la Chambre consultative du commerce, qui comprend des membres européens, français et étrangers, et indigènes.

Le décret du 7 août 1920 a rendu applicable au Cameroun le régime douanier du bassin conventionnel du Congo. Conformément à l'acte général de Berlin, du 26 février 1885, le maximum du droit à percevoir à l'entrée et à la sortie est de 10 % *ad valorem.*

Le décret du 11 octobre 1912, fixant les droits à percevoir a été modifié par le décret du 9 septembre 1925 dont les principales dispositions sont :

Art. 1er. — Les droits à percevoir sur les produits et marchandises de toute origine et de toute provenance importés par terre ou par mer dans le territoire du Cameroun sont fixés ainsi qu'il suit :

A. *Droits spécifiques*

1° Cacao en fèves de toute provenance, 52 francs les 100 kilos. ;

2° Futailles vides en état de servir, montées ou démontées, cerclées en bois ou en métal : de 500 litres et plus, 5 francs les 100 kilos ; au-dessous de 500 litres, 2 francs les 100 kilos ;

3° Bois commun, 1 fr. 75 les 100 kilos.

Les droits spécifiques établis sous les nos 2 et 3 seront perçus avec application de coefficients fixés par arrêtés du Commissaire de la République et qui seront équivalents à ceux qui sont appliqués dans la Métropole sur les mêmes produits.

4° Boissons distillées alcooliques, alcools, eaux-de-vie, liqueurs, quel qu'en soit le degré alcoolique, vins de liqueurs et vins artificiels, vins additionnés de substances toniques aromatiques, amères et apéritives, vermouths, quinquina et autres, titrant plus de 21 degrés, 2.000 francs par hectolitre d'alcool pur contenu.

Parfumeries alcooliques : droit de l'alcool sur la quantité d'alcool qu'elles renferment, sans que le droit puisse être inférieur à 40 % *ad valorem.*

B. *Droits* ad valorem

1° Riz, maïs, millet, mil et sorgho en grains, destinés à la consommation, 5% *ad valorem*;

2° Cafés, tabacs, bois d'ébénisterie bruts ou débités de toute épaisseur, vanille, manioc sec, 10% *ad valorem*;

3° Houilles, huiles de pétrole, de schiste et autres huiles minérales, brutes, raffinées et essences, huiles lourdes de pétrole et autres huiles minérales, carburants de toutes sortes, 3% *ad valorem*;

4° Chaudières, machines à vapeur, autres machines motrices, appareils moteurs et mécaniques de toute nature, véhicules de toutes sortes, pièces détachées de ces machines et appareils, 3% *ad valorem*;

5° Machines à coudre, à écrire, à calculer, caisses enregistreuses, 10% *ad valorem*;

6° Bateaux, chalands et autres embarcations quel qu'en soit le mode de propulsion et pièces détachées de coques de bâtiments, à l'exclusion du mobilier et des pièces de boiserie et d'aménagement importés isolément, 3% *ad valorem*;

7° Chaux, ciment, briques, tuiles, pavés, carreaux et panneaux en ciment, chaux et plâtres comprimés et armés, 5% *ad valorem*;

8° Fers et aciers pour constructions, tôles pour toitures, constructions métalliques, 5% *ad valorem*;

9° Matériel fixe et matériel roulant de chemins de fer et tramways, à l'exclusion des pièces de boiserie pour aménagement intérieur des voitures importés isolément, 3% *ad valorem*;

10° Tous autres produits et marchandises non dénommés ci-dessus et non compris dans les exemptions énumérées à l'article suivant, 10% *ad valorem.*

Art. 2. — Demeurent admis sous le régime de l'admission temporaire pour une durée d'un an, les sacs et autres récipients vides destinés à l'exportation des produits du crû du territoire.

Sont exempts de tous droits d'entrée :

1° Les viandes fraîches, poissons frais, légumes frais, fruits frais, pain frais, les animaux vivants, les œufs, le gibier vivant ou mort, les produits de culture autres que ceux qui sont spécialement dénommés à l'article 1er, alinéa 2 B (droits *ad valorem* lorsqu'ils proviennent de pays limitrophes ;

2° Les grains à ensemencer, les tubercules, oignons, rhizômes ou drageons destinés à la reproduction, ainsi que les plantes vertes ;

3° Les engrais et les produits destinés à détruire les parasites et insectes nuisibles ;

4° Les produits naturels, minéraux, végétaux ou d'origine animale destinés à une utilisation industrielle autre que ceux qui sont spécialement dénommés à l'article précédent, lorsqu'ils proviennent de pays limitrophes et sont importés à l'état brut de ces pays ;

5° Les livres, publications de toute nature en langue française, les gravures ;

6° Les instruments et appareils scientifiques de précision, non compris les appareils de photographie, les instruments et appareils de médecine et de chirurgie ;

7° Les armes et les munitions de guerre, les objets de pansement et médicaments de toute nature, l'équipement et le matériel de couchage militaire appartenant au Territoire ;

8° Les effets d'uniforme, l'armement, l'équipement et le matériel de campement des officiers et des fonctionnaires ;

9° Les effets d'habillement des voyageurs, si ces effets portent des traces d'usage ou si, même neufs, ils sont importés en qualité et quantité correspondant à la situation du voyageur, les outils professionnels des ouvriers qui viennent s'installer dans le territoire ;

10° Les objets mobiliers portant des traces d'usage et manifestement destinés à l'installation des importateurs ;

11° Les ornements sacerdotaux, les emblèmes religieux et les objets servant à la célébration des cultes ;

12° Les ornements funéraires importés isolément et en dehors de toute opération commerciale ;

13° Les objets de curiosité et de collection hors du commerce ;

14° La glace alimentaire ou à rafraîchir.

15° Les monnaies ayant cours légal.

Art. 3. — Les droits a percevoir sur les produits et marchandises exportés par terre et par mer du territoire du Cameroun, sont fixés ainsi qu'il suit :

Ivoire brut ou n'ayant subi qu'une main-d'œuvre superficielle, 10 % *ad valorem* ;

Caoutchouc, 10 % *ad valorem* ;

Amandes et huiles de palme et arachides, 5 % *ad valorem* ;

Bois d'ébénisterie et bois de charpente, 4 francs par mètre cube.

Art. 4. — Les droits *ad valorem* sur les produits importés dans le Territoire du Cameroun sont perçus d'après la valeur des produits au lieu d'importation. Cette valeur est déterminée par le prix de facture augmenté de 25%, les énonciations de factures en monnaies étrangères étant converties en monnaie française d'après le cours du change à la date d'établissement de la facture.

Les droits perçus à la sortie sur les produits exportés du même territoire, le sont d'après une mercuriale dont le mode d'établissement est fixé par le Commissaire de la République.

L'arrêté du 31 décembre 1926 fixe, de la manière suivante, pour l'année 1927, la mercuriale des produits soumis à droits de sortie :

DÉSIGNATION DES PRODUITS	QUANTITÉS	VALEURS
Huile de palme	1.000 kg.	2.800 fr.
Palmistes	—	1.600 fr.
Caoutchouc	—	8.000 fr.
Arachides	—	1.500 fr.
Ivoire et dents d'éléphant jusqu'à 6 kg. inclus	kg.	50 fr.
Pointes de plus de 6 et jusqu'à 10 kg. inclus	—	100 fr.
Pointes de 10 à 20 kg. inclus	—	150 fr.
Pointes au delà de 20 kg	—	200 fr.

Pour les cacaos dont la taxe est de 50%, des décrets rendus sur la proposition du Ministre des Colonies et du Ministre des Finances détermineront chaque année, d'après les statistiques officielles fournies par le Commissaire de la République, les quantités de ce produit auxquelles s'appliquera le régime de faveur prévu. C'est ainsi que par le décret du 15 octobre 1926, les quantités de cacao originaires des territoires du Cameroun sous mandat français, admissibles en France au bénéfice de la détaxe, sont fixées à 6.500 tonnes pour l'année 1927.

Établissements de Crédit

Il existe actuellement quatre établissements de crédit au Cameroun, à Douala :

1° La Banque française de l'Afrique, dont le siège est à Paris, 23, rue Taitbout;

2° La Banque de l'Afrique Occidentale Française, siège à Paris, 38, rue de La Bruyère ;

3° La Banque commerciale africaine, siège social, 52, rue Lafitte, Paris ;

4° La Bank of British West Africa, dont la raison sociale est : 17 et 18, Leadenhall Street, London, E. C. 3. Capital autorisé, £ 4.000.000 ; capital souscrit, £ 3.000.000.

Ces banques se livrent aux opérations habituelles à ces établissements :

Escompte et recouvrements. — Prêts sur gages et sur marchandises. — Comptes de chèques. — Comptes courants. — Ordres de bourse. — Paiements de coupons. — Avances sur titres. — Ventes de traites. — Lettres de crédit. — Opérations de change. — Dépôts de fonds.

CHAPITRE XIII

LES EMPLOIS ADMINISTRATIFS LOCAUX

Nous donnerons ci-après, pour les Français désireux d'entrer dans l'administration coloniale, des renseignements détaillés sur les emplois locaux que peut éventuellement, suivant les vacances en personnel, leur offrir le Territoire du Cameroun.

Les cadres locaux européens dans le Territoire du Cameroun ont été constitués par un arrêté du Commissaire de la République, en date du 2 novembre 1926, pour les services suivants :

Affaires indigènes ; Postes et Télégraphes ; Enseignement ; Travaux publics ; Maîtres de phare ; Gardiens de port ; Géomètres ; Chemins de fer ; Conducteurs de travaux agricoles ; Commis de trésorerie ; Commis greffiers.

Dispositions générales

Article premier. — Le personnel des cadres locaux en service au Cameroun est à la disposition du Commissaire de la République qui nomme à tous les emplois.

Art. 2. — Les agents des cadres locaux perçoivent, en outre de leur solde, un supplément colonial dont la quotité et les conditions d'attribution sont fixées par le décret du 2 mars 1910 sur la solde et les accessoires de solde du personnel et les actes modificatifs subséquents.

Recrutement

Art. 3. — Sous réserve de la situation particulière des anciens militaires classés, tout candidat à un emploi dans un cadre local du Cameroun, doit remplir les conditions générales suivantes :

1° Etre Français ;

2° Produire un certificat de bonnes vie et mœurs ayant moins de trois mois de date ;

3° Produire un extrait de casier judiciaire ne comptant aucune condamnation et ayant moins de trois mois de date ;

4° Avoir satisfait aux obligations militaires ;

5° Justifier de l'aptitude physique au service colonial par un certificat de visite et contre-visite délivré par des médecins militaires et ayant moins de trois mois de date ;

6° Etre âgé de 21 ans au moins et pouvoir prétendre, au plus tard à 55 ans, à une pension d'ancienneté.

STAGE. — AUGMENTATION DE SOLDE ET AVANCEMENT

1° *Stage*

Art. 4. — Tout candidat agréé dans un cadre local du Cameroun doit accomplir une année de stage avec présence effective comptant du jour de son arrivée au territoire, et à l'expiration de laquelle il est, par décision du Commissaire de la République rendue sur la proposition du chef de service ou du chef de circonscription, soit titularisé, soit licencié, soit soumis à une ou deux nouvelles périodes supplémentaires de stage de six mois.

Dans ce dernier cas, le candidat est, à l'expiration de la première ou de la deuxième période supplémentaire de six mois titularisé ou licencié par décision du Commissaire de la République, rendue sur la proposition du chef de service ou du chef de circonscription.

Les candidats agréés dans le cadre de l'enseignement ou dans le cadre topographique doivent en outre satisfaire aux conditions particulières prévues aux articles 26 et 39 du Titre II.

Le licenciement peut être prononcé au cours du stage pour indiscipline, faute grave, incapacité professionnelle ou inaptitude physique.

Les agents stagiaires licenciés peuvent recevoir une indemnité de licenciement dans les conditions prévues par le règlement sur la solde.

Le temps de stage à l'exception des périodes supplémentaires compte pour les augmentations automatiques de solde et pour l'avancement en grade.

Fig. 31. — Mougombé. La chute de la Sanaga

Fig. 30. — Zina. Grande porte du village

EMPLOIS ADMINISTRATIFS LOCAUX

L'arrêté du Commissaire de la République en date du 2 novembre 1626 a été rapporté le 11 mars 1927 et remplacé par une série de textes particuliers à chaque cadre local. Les dispositions essentielles relatives aux conditions exigibles au recrutement et à l'échelle des soldes étant restées sensiblement les mêmes, nos lecteurs trouveront dans les pages qui suivent toute la documentation nécessaire. Par contre, le classement du personnel et les conditions d'avancement ayant subi des modifications, nous recommandons à toute personne, candidate à un emploi dans les services administratifs locaux, de se renseigner auprès de l'Agence Economique des Territoires sous mandat, 27, boulevard des Italiens, à Paris.

2° *Augmentation de solde*

Art. 5. — Le passage de la solde inférieure à la solde supérieure dans les différents échelons, indiqués pour chacun des grades prévus aux tableaux des articles 13, 19, 30, 35, 41, 46, 51, 61, 78, 96, a lieu automatiquement le jour où l'intéressé réunit les conditions d'ancienneté prévues aux §§ 8 A, B, C, ci-après :

a) Pour les commis et adjoints des services civils,

Pour les grades d'adjoint et ordinaire d'instituteur,

Pour les aides conducteurs et conducteurs des travaux agricoles et forestiers,

Pour les aides-géomètres et géomètres adjoints,

Pour les ouvriers adjoints et ouvriers du cadre de l'imprimerie,

Pour les commis-greffiers de 3e et de 2e classe,

Pour les agents du cadre local des P. T. .T. ayant une solde annuelle inférieure à 8.500 francs,

Pour les comptables, dessinateurs, sous-chefs de gare, chef de district, ouvriers d'art des chemins de fer,

Pour les comptables, dessinateurs, ouvriers d'art, magasiniers, surveillants, maîtres de phare des travaux publics,

18 mois d'ancienneté ;

b) Pour les adjoints principaux et adjoints principaux de classe exceptionnelle des services civils,

Pour les grades principaux et supérieurs d'instituteur et pour les deux grades d'inspecteur des écoles,

Pour les conducteurs principaux et conducteurs en chef des travaux agricoles et forestiers,

Pour les géomètres et géomètres principaux,

Pour les ouvriers principaux et les chefs du cadre de l'imprimerie,

Pour les commis-greffiers de 1re classe et les commis-greffiers principaux.

Pour les directeurs, inspecteurs et receveurs comptables centralisateurs des postes et télégraphes,

Pour les agents du cadre local des postes et télégraphes ayant une solde annuelle égale ou supérieure à 8.500 francs.

Pour les comptables principaux, dessinateurs principaux, sous-chefs de bureau, chefs de gare, contrôleurs principaux, sous-inspecteurs de l'exploitation, chefs de district principaux, chefs de section, chefs ouvriers d'art, sous-chefs d'atelier, sous-chefs de dépôt, chefs de dépôt des chemins de fer,

Pour les comptables principaux, dessinateurs principaux, sous-chefs de bureau, ouvriers d'art, sous-chefs d'ateliers, chefs d'atelier, magasiniers principaux, surveillants, maîtres de phare principaux,

2 ans d'ancienneté.

c) Pour les chefs de bureau d'administration centrale, les inspecteurs de l'exploitation ou de la voie et des bâtiments, ou du matériel et de la traction du cadre des chemins de fer,

Pour les chefs de bureau et chefs d'ateliers principaux des travaux publics :

3 ans d'ancienneté.

Cette augmentation de solde est constatée par décision du Commissaire de la République.

3° *Avancement en grade*

Art. 6. — Les avancements en grade sont conférés par arrêté du Commissaire de la République, sur la proposition des chefs de service ou des chefs de circonscription sous les ordres desquels sont placés les agents intéressés.

Ils ont lieu : *au choix ou à l'ancienneté* dans la proportion de deux tiers au choix et un tiers à l'ancienneté pour les grades d'adjoint et d'adjoint principal des services civils, ordinaire et principal d'instituteurs et d'institutrice, de conducteur et conducteur principal des travaux agricoles et forestiers, de géomètre-adjoint et géomètre, d'ouvrier et d'ouvrier principal du cadre de l'imprimerie, de commis-greffier de 2e et de 1re classe, de contrôleur, commis principal, mécanicien-électricien principal, chef d'atelier des lignes, chef surveillant principal du cadre local des postes et télégraphes, de comptable principal, dessinateur principal, chef de gare, contrôleur principal, chef de district principal, chef ouvrier d'art, sous-chef d'atelier, sous-chef de dépôt des chemins de fer ;

De comptable principal, dessinateur principal, chef ouvrier d'art, sous-chef d'atelier, magasinier principal, surveillant principal, maître de phare principal du cadre des travaux publics ;

Uniquement au choix pour les grades :

D'adjoint principal de classe exceptionnelle des services civils, supérieur d'instituteur ou d'institutrice principal, d'inspecteur des écoles ;

De conducteur en chef des travaux agricoles et forestier, de géomètre principal, de chef de l'imprimerie, de commis-greffier principal, de rédacteur principal, rédacteur, contrôleur principal reveceur, chef-mécanicien du cadre local des postes et télégraphes ;

De comptable principal de classe exceptionnelle, dessinateur principal de classe exceptionnelle, sous-chef de bureau, chef de bureau, chef de bureau principal ; chef de gare principal, contrôleur principal de classe exceptionnelle et inspecteur principal de l'exploitation, chef de district principal de classe exceptionnelle, chef de station, inspecteur et inspecteur principal de la voie et des bâtiments ; chef ouvrier d'art, sous-chef d'atelier et sous-chef de dépôt de classe exceptionnelle, chef de dépôt, inspecteur et inspecteur principal du matériel et de la traction du cadre local des chemins de fer ; de comptable principal et dessinateur principal de classe exceptionnelle, sous-chef de bureau, chef de bureau, chef de bureau principal ; chef ouvrier d'art et sous-chef d'atelier de classe exceptionnelle, chef d'atelier, chef d'atelier principal, chef d'atelier principal de classe exceptionnelle ; chef magasinier principal et chef surveillant principal ; maître de phare principal de classe exceptionnelle du cadre local des travaux publics.

La quotité de solde de grade perçue ne constitue pas une condition d'avancement.

A défaut de candidat dans l'une ou l'autre catégorie, le tour n'est pas réservé.

Les conditions d'ancienneté et de séjour exigées pour l'avancement en grade sont les suivantes :

1° Pour les grades :

D'adjoint de services civils,

Ordinaire d'instituteur et d'institutrice,

De conducteur des travaux agricoles et forestiers,

De géomètre-adjoint,

D'ouvrier du cadre de l'imprimerie,

De commis-greffier de 1re classe.

De comptable principal, dessinateur principal, chef de gare, contrôleur principal, chef de district principal, chef ouvrier d'art, sous-chef d'atelier et sous-chef de dépôt des chemins de fer,

De comptable principal, dessinateur principal, chef ouvrier d'art, sous-chef d'atelier, magasinier principal, surveillant principal, maître de phare principal des travaux publics ;

a) *Au choix*: quarante-deux mois d'ancienneté dans le grade inférieur comprenant deux ans de séjour colonial;

b) *A l'ancienneté*: cinq ans d'ancienneté dans le grade inférieur comprenant quarante-deux mois de séjour colonial.

2° Pour les grades:
D'adjoint principal des services civils,
Principal d'instituteur ou d'institutrice,
De conducteur principal des travaux agricoles et forestiers,
De géomètre,
D'ouvrier principal du cadre de l'imprimerie,
De commis-greffier de 1re classe,

a) *Au choix*: quatre ans d'ancienneté dans le grade inférieur comprenant trente mois de séjour colonial;

b) *A l'ancienneté*: cinq ans d'ancienneté dans le grade inférieur comprenant trente mois de séjour colonial.

3° Pour les grades:
D'adjoint principal de classe exceptionnelle des services civils,
Supérieur d'instituteur ou d'institutrice,
Principal d'inspecteur des écoles,
De conducteur en chef des travaux agricoles et forestiers,
De géomètre principal,
Chef d'imprimerie,
De commis-greffier principal,
De comptable principal et dessinateur principal de classe exceptionnelle, chef de bureau et chef de bureau principal; chef de gare principal, contrôleur principal de classe exceptionnelle, inspecteur et inspecteur principal de l'exploitation; de chef de district principal de classe exceptionnelle, inspecteur et inspecteur principal de la voie et des bâtiments; chef ouvrier d'art, sous-chef d'atelier ou sous-chef de dépôt de classe exceptionnelle, inspecteur et inspecteur principal du matériel et de la traction des chemins de fer.

De comptable principal et dessinateur de classe exceptionnelle, chef de bureau et chef de bureau principal; chef ouvrier d'art et sous-chef d'atelier de classe exceptionnelle, chef d'atelier principal, chef d'atelier principal de classe exceptionnelle; chef magasinier principal, chef surveillant principal, maître de phare de classe exceptionnelle du cadre local des travaux publics.

Six ans d'ancienneté dans le grade inférieur comprenant quarante-deux mois de séjour colonial.

4° Pour les grades :

De sous-chef de bureau, sous-inspecteur de l'exploitation, chef de section, chef de dépôt des chemins de fer, de sous-chef de bureau, de chef d'atelier du cadre local des travaux publics.

Quatre ans d'ancienneté dans le grade inférieur comprenant trente mois de séjour colonial.

5° Pour l'avancement en grade des agents des postes et télégraphes : deux ans d'ancienneté à la solde immédiatement inférieure comprenant seize mois de séjour colonial.

Le temps passé en France par les agents des cadres locaux régulièrement détachés dans les conditions de l'article 33 de la loi du 30 décembre 1913, soit dans un service relevant du Ministère, soit à l'agence économique des territoires africains sous mandat, soit aux expositions coloniales, compte pour sa durée comme ancienneté et pour un tiers comme séjour colonial. Le nombre des agents ainsi détachés ne peut dépasser 3% de l'effectif total du corps. Pendant leur détachement, les agents sont notés et proposés par leur chef de service. Ils ne peuvent être détachés pour une période supérieure à trois ans, ni bénéficier de plus d'un avancement en grade pendant la période de leur détachement.

Le temps passé par les agents des cadres locaux en mission hors du territoire, compte pour l'avancement pour sa durée comme séjour dans le territoire, jusqu'à concurrence de six mois, traversées comprises.

Art. 7. — Aucun fonctionnaire ne peut obtenir un avancement au choix s'il ne figure sur un tableau dressé à la fin du deuxième semestre par la Commission prévue à l'article 8 et arrêté par le Commissaire de la République. Seuls, peuvent être inscrits les fonctionnaires qui remplissent déjà, ou qui rempliront, au cours de l'année suivante, les conditions requises.

Art. 8. — La commission de classement du personnel de chacun des cadres locaux est composée comme suit :

Président :

Le Chef du secrétariat général ou son délégué.

Membres :

Le Chef du Cabinet du Commissaire de la République ou son délégué ;

Le Chef du service intéressé ou à défaut un fonctionnaire d'un cadre général désigné par le Commissaire de la République et choisi autant que possible parmi les fonctionnaires ayant l'emploi le plus élevé ;

Deux représentants du cadre intéressé et choisis autant que possible parmi les agents du grade le plus élevé ou à défaut deux fonctionnaires d'un cadre local désigné par le Commissaire de la République et choisis autant que possible parmi les fonctionnaires ayant l'emploi le plus élevé.

Ces deux derniers fonctionnaires ne prennent pas part aux discussions et aux votes concernant les candidats d'un grade égal ou supérieur au leur, mais ils continuent, dans ce cas. à assister aux délibérations.

Les nominations sont faites dans l'ordre du tableau.

Discipline

Art. 9. — Les peines disciplinaires applicables au personnel des cadres locaux du Cameroun sont les suivantes :

La réprimande,

Le blâme avec inscription au dossier,

Le retard d'ancienneté dans la limite de trois mois à un an,

La radiation du tableau d'avancement,

La rétrogradation de grade ou d'échelon de grade,

La révocation.

Art. 10. — La réprimande est infligée par le chef de service ou le chef de circonscription, le blâme par le Commissaire de la République.

Il est rendu compte du prononcé de la première de ces peines à l'autorité supérieure qui conserve le droit d'annuler ou de poursuivre l'application d'une peine plus forte.

Aucune peine disciplinaire ne peut être infligée à un agent des cadres locaux du Cameroun sans qu'il ait été appelé à fournir des justifications écrites et à prendre préalablement connaissance de son dossier intégral.

Le retard d'ancienneté dans la limite de trois mois à un an soit pour les augmentations automatiques de solde, soit pour l'avancement en grade, la radiation du tableau d'avancement, la rétrogradation, la révocation sont prononcées par arrêté du Commissaire de la République après avis d'un Conseil d'enquête et sur la proposition du chef de service ou du chef de circonscription.

Ce Conseil est composé comme suit :

Président :

Le chef du secrétariat général ou son délégué.

Membres :

Le chef de Cabinet du Commissaire de la République ou son délégué.

Un fonctionnaire d'un cadre général, deux agents du cadre local de l'intéressé étant au moins du même grade que lui et, dans ce dernier cas, au moins plus anciens que lui, ou à défaut, deux agents d'un cadre régulier ayant la même assimilation et, autant que possible, une ancienneté supérieure.

Le Commissaire de la République fixe, par décision, la composition et le lieu de réunion du Conseil.

L'intéressé, lorsqu'il est traduit devant un Conseil d'enquête, peut présenter lui-même ses moyens de défense ou charger de ce soin un défenseur de son choix.

Honorariat

Art. 11. — L'honorariat du grade ou du grade immédiatement supérieur peut être conféré par arrêté du Commissaire de la République aux agents des cadres locaux retraités ou démissionnaires.

Cadre des Services civils

(*Extrait de l'Arrêté du* 2 *novembre* 1926)

Art. 12. — Le personnel des services civils constitue un corps auxiliaire de celui des administrateurs des colonies. Les agents qui en font partie, sont toujours subordonnés, quel que soit leur grade ou leur traitement aux fonctionnaires de ce dernier corps. Ils peuvent indistinctement être appelés à des fonctions administratives ou judiciaires.

Art. 13. — La hiérarchie, la solde et le classement au point de vue de la concession des passages et des indemnités du personnel des services civils sont fixés comme suit :

GRADES	SOLDES	CATÉGORIES	PROPORTIONS
Adjoint principal de classe exceptionnelle :			
Après 4 ans	16.000	1re B	10 %
Avant 4 ans	15.000	2e	—
Avant 2 ans	14.000	2e	—

GRADES	SOLDES	CATÉGORIES	PROPORTIONS
—	—	—	—
Adjoint principal :			
Après 4 ans	13.000	2e	20 %
Avant 4 ans	12.000	2e	—
Avant 2 ans	11.000	2e	—
Adjoint :			
Après 18 mois	9.000	3e	35 %
Avant 18 mois	8.500	3e	—
Commis :			
Après 18 mois	7.500	3e	—
Avant 18 mois	7.000	3e	—

Art. 14. — Outre le traitement ci-dessus indiqué, une indemnité spéciale est allouée aux agents des services civils qui, appelés à servir dans les bureaux du chef-lieu du territoire, dans les conditions de l'article 2 du décret du 10 juillet 1920, réorganisant le cadre des administrateurs coloniaux, ne bénéficient pas des avantages en nature dont jouit le même personnel en service dans l'intérieur.

Le taux de cette indemnité spéciale est fixé par arrêté du Commissaire de la République.

Art. 15. — En outre des conditions générales prescrites à l'article 3, tout candidat à un emploi dans le cadre des services civils pour être admis aux grades indiqués ci-dessus doit réunir les conditions spéciales suivantes :

Commis avant 18 *mois.* — *A*) *Première catégorie*

Militaires des armées de terre et de mer réformés n° 1 ou retraités par suite d'infirmités de blessures ou de maladies contractées devant l'ennemi au cours de la guerre 1914-1919, dans les conditions déterminées par la loi du 30 janvier 1923 et le décret du 13 juillet 1923 :

Anciens sous-officiers, brigadiers et caporaux comptant au moins quatre années de service militaire et classés par les soins du Ministre de la Guerre, conformément aux dispositions de la loi sur le recrutement de l'armée.

B) *Deuxième catégorie*

a) Candidats pourvus du brevet supérieur de l'enseignement primaire, du diplôme de bachelier de quelque ordre que ce soit du diplôme de sortie de l'Institut commercial de Paris, de l'école coloniale du Havre ou du certificat de fin d'études d'une école supérieure de commerce délivré dans les conditions des articles 14 et 15 du décret du 30 avril 1906 ;

b) Sous-officiers, caporaux, soldats et assimilés des armées de terre et de mer, réformés à la suite de blessures de guerre, mais reconnus néanmoins, après visite et contre-visite de deux médecins militaires, aptes au service colonial actif et ayant subi avec succès un examen dont le programme est le même que celui imposé par le Ministre de la Guerre aux candidats prévus par la loi sur le recrutement de l'armée. Les conditions et modalités de cet examen sont fixées par décision du Commissaire de la République.

c) Sous-officiers, résidant au Cameroun, retraités après quinze ans de services dans l'armée coloniale, ayant satisfait aux épreuves de l'examen prévu au paragraphe précédent.

La proportion des emplois réservés aux candidats de la première catégorie (*a*) est celle prévue par la loi du 18 juillet 1924.

Les nominations ont lieu successivement dans chacune des deux catégories ci-dessus. A défaut de candidats dans l'une d'elles le tour n'est pas réservé.

Adjoints avant 18 mois. — Peuvent être nommés directement au grade d'adjoint des services civils les candidats possédant l'un des titres universitaires énumérés ci-après :

Licence ès-lettres, en droit ou ès-sciences ; doctorat en médecine ; diplôme supérieur d'études commerciales délivrés par le Ministre du Commerce aux élèves bacheliers sortant des écoles supérieures de commerce reconnues par l'Etat (y compris l'Ecole des Hautes études commerciales et l'Institut commercial de Paris), en conformité de l'article 14 du décret du 30 avril 1906, modifié par le décret du 30 septembre 1910 ; diplôme d'école coloniale, diplôme de l'école des langues orientales vivantes (langues arabes ou dialectes de l'Ouest africain), diplôme de l'école des Chartes, de l'école navale ; de l'école normale supérieure, de l'école des sciences politiques, de l'Institut national agronomique, certificats attestant que les candidats ont satisfait aux examens de sortie de l'école polytechnique, de l'école supérieure des mines, de l'école centrale, de l'école nationale des ponts et chaussées, de l'école spéciale de Saint-Cyr, de l'école forestière ou de l'école du génie maritime ; brevet d'officier des armées actives de terre ou de mer.

Les deux tiers des vacances du grade d'adjoint sont réservés à l'avancement hiérarchique. Le troisième tiers au maximum, pour être attribué aux candidats ci-dessus.

Art. 16. — La totalité des emplois d'adjoints principaux et adjoints principaux de classe exceptionnelle est réservée au personnel en service dans le grade immédiatement inférieur.

Art. 17. — La période de stage effectuée à l'école coloniale par les agents des services civils régulièrement admis à suivre les cours de cette école, conformément aux dispositions du décret du 10 juillet 1920, réorganisant le personnel des administrateurs des colonies, et qui n'ont pas satisfait aux examens de sortie, entre en compte au point de vue de l'avancement comme temps de présence effective au territoire.

Cadre de l'Enseignement

Art. 18. — Le personnel du cadre de l'enseignement se répartit comme suit :

Un personnel de l'enseignement primaire comprenant des instituteurs et des institutrices.

Un personnel de contrôle de l'enseignement primaire comprenant des inspecteurs des écoles.

Art. 19. — La hiérarchie, la solde et le classement au point de vue de la concession des passages et des indemnités du personnel de l'enseignement sont fixés comme suit :

GRADES	SOLDES	CATÉGORIES	PROPORTIONS
Inspecteur des écoles :			
Grade principal :			
Après 2 ans	18.000	1re B	
Avant 2 ans	17.000	—	
Grade ordinaire :			
Après 2 ans	16.000	—	
Avant 2 ans	15.000	—	
Instituteurs et institutrices :			
Grade supérieur :			
Après 4 ans	16.000	1re B	10 %
Après 2 ans	15.000	2e	—
Avant 2 ans	14.000	2e	—
Grade principal :			
Après 4 ans	13.000	2e	20 %
Après 2 ans	12.000	2e	—
Avant 2 ans	11.000	2e	—

GRADES	SOLDES	CATÉGORIES	PROPORTIONS
—	—	—	—
Grade ordinaire :			
Après 18 mois	9.500	3e	35 %
Avant 18 mois	8.500	3e	—
Grade d'adjoint :			
Après 18 mois	7.500	3e	35 %
Avant 18 mois	7.000	3e	—

Art. 20. — En outre des conditions générales indiquées à l'article 3, tout candidat doit, pour être agréé dans le cadre de l'enseignement, satisfaire aux conditions particulières énumérées ci-après, suivant qu'il est recruté directement ou détaché d'un cadre.

a) Personnel recruté directement :

Art. 21. — Les instituteurs et institutrices sont choisis parmi les candidats pourvus du brevet supérieur primaire métropolitain.

Tout candidat recruté directement et agréé dans le cadre local de l'enseignement débute à la dernière solde de son emploi.

Art. 22. — Les inspecteurs des écoles sont choisis parmi les instituteurs des grades supérieurs et principaux des deux derniers échelons comptant au minimum dix ans de service dans l'enseignement.

Ils doivent être pourvus du brevet supérieur et du certificat d'aptitude pédagogique métropolitain et avoir satisfait à l'examen local du certificat d'aptitude à l'inspection.

Les candidats doivent être présentés par le chef du service de l'enseignement et agréés par le Commissaire de la République.

Le nombre des inspecteurs des écoles est fixé par arrêté du Commissaire de la République sur la proposition du chef de service de l'enseignement.

Les instituteurs des deux échelons du grade supérieur, nommés inspecteurs des écoles, conservent en cette qualité la solde et l'ancienneté dans l'échelon qu'ils avaient en qualité d'instituteurs.

b) Personnel en service détaché.

Art. 23. — Les candidats en service dans les cadres métropolitains, algériens ou coloniaux, régulièrement détachés, peuvent être admis dans le cadre local du Cameroun s'ils sont pourvus du : brevet supérieur de l'enseignement primaire et du certificat d'aptitude pédagogique métropolitain, du diplôme de fin d'études secondaires ou du baccalauréat (1re partie).

Art. 24. — Les fonctionnaires de l'enseignement en service détaché prennent rang dans le cadre local au grade correspondant à leur solde dans le cadre d'origine, ou à défaut de concordance, à la solde immédiatement supérieure.

Ils bénéficient dans ce grade d'une ancienneté de solde égale à celle qu'ils avaient dans leur cadre de provenance au moment de leur incorporation.

Art. 25. — Les fonctionnaires de l'enseignement à tous les degrés et quelle que soit leur origine, sont soumis indistinctement, pendant toute la durée de leur incorporation dans le cadre local, aux règlements locaux qui régissent ce cadre. Les obligations et les prérogatives sont les mêmes pour tous.

Art. 26. — Aucun instituteur ou institutrice stagiaire ne peut être titularisé s'il n'est pourvu du certificat d'aptitude pédagogique ou du certificat d'aptitude à l'enseignement. Pendant le temps de stage l'intéressé doit pouvoir se présenter normalement trois fois aux examens conférant ces diplômes.

Tout stagiaire qui subit trois échecs à ces examens ou qui néglige pendant trois sessions consécutives d'en affronter les épreuves est licencié.

Art. 27. — Les instituteurs ou institutrices actuellement en service ne peuvent accéder au grade supérieur que s'ils sont pourvus du certificat d'aptitude pédagogique métropolitain ou du certificat d'aptitude à l'enseignement local.

Les promotions que ces agents peuvent obtenir dans le territoire sont indépendantes de celles dont ils bénéficient dans leur cadre d'origine. Toutefois, leur solde ne peut en aucun cas être inférieure à celle dont ils jouissent dans ce dernier cadre. Le cas échéant, un complément de solde sera alloué d'office aux ayants-droits et ce complément aura répercussion sur le calcul du complément colonial tel qu'il est déterminé par le décret du 2 mars 1910 et actes subséquents.

Les agents ainsi incorporés restent soumis aux dispositions réglementant leur cadre d'origine pour ce qui concerne leurs versements à pension de retraite.

Art. 28. — Les peines disciplinaires fixées par l'article 20 sont applicables au personnel détaché. Elles n'atteignent toutefois que sa situation dans le cadre local.

La révocation dans le territoire a pour conséquence la remise d'office du fonctionnaire par mesure disciplinaire à la disposition de son cadre d'origine.

Cadre des Conducteurs de travaux agricoles et forestiers

Art. 29. — Les agents faisant partie du cadre des conducteurs des travaux agricoles et forestiers sont toujours subordonnés, quel que soit leur grade, aux fonctionnaires du cadre général des services techniques et scientifiques de l'agriculture des colonies organisé par le décret du 1er août 1921. Ils sont mis à la disposition des chefs de circonscription ou de service en vue de l'étude des questions techniques agricoles et forestières et à la surveillance des travaux qui s'y rattachent.

Art. 30. — La hiérarchie, la solde, la proportion des grades et le classement au point de vue des passages et des indemnités de ce personnel sont fixés ainsi qu'il suit :

GRADES	SOLDES	CATÉGORIES	PROPORTIONS
Conducteur en chef :			
Après 4 ans	16.000	1re B	10 %
Avant 4 ans	15.000	2e	—
Avant 2 ans	14.000	2e	—
Conducteur principal :			
Après 4 ans	13.000	2e	20 %
Avant 4 ans	12.000	2e	—
Avant 2 ans	11.000	2e	—
Conducteur :			
Après 18 mois	9.500	3e	35 %
Avant 18 mois	8.500	3e	—
Aide-conducteur :			
Après 19 mois	7.500	3e	35 %
Avant 18 mois	7.000	3e	—

Art. 31. — En outre des conditions générales indiquées à l'article 3, tout candidat à un emploi dans le cadre des conducteurs des travaux agricoles et forestiers doit, pour être admis aux grades indiqués ci-dessus, réunir les conditions spéciales suivantes :

1° *Peuvent être recrutés comme aide-conducteurs avant* 18 *mois :*

a) Les candidats pourvus du diplôme ou certificat d'un établissement public d'enseignement agricole ou d'enseignement professionnel se rattachant à l'agriculture ;

b) Les candidats pourvus du diplôme ou du certificat d'un établissement d'enseignement agricole libre subventionné ou patronné par l'Etat, les départements, les communes ou les associations agricoles déclarées ;

c) Les candidats titulaires du diplôme de l'école pratique coloniale du Havre ;

Les candidats des trois catégories ci-dessus mentionnées devront justifier en outre de 18 mois de pratique soit dans un service administratif agricole, soit dans une entreprise agricole de la métropole ou des possessions françaises ou des pays placés sous mandat de la France ;

d) Les candidats titulaires du diplôme de l'institut national agronomique, des écoles nationales d'agriculture, des écoles d'agriculture de Tunis, de Maison-Carrée, de l'école nationale d'horticulture de Versailles ;

2° *Peuvent être recrutés directement comme conducteurs avant* 18 *mois* :

Les candidats titulaires de l'un des diplômes ou certificats indiqués au § ci-dessus et pourvus en outre du diplôme d'ingénieur d'agronomie coloniale ou d'agriculture coloniale.

Les deux tiers des vacances du grade de conducteur sont réservés à l'avancement hiérarchique, le troisième tiers au maximum pour être attribué aux candidats ci-dessus.

Art. 32. — La période d'études effectuée à l'Institut d'agronomie coloniale par les agents du cadre des conducteurs agricoles et forestiers régulièrement admis à suivre les cours de cette école, conformément aux dispositions des articles 3, 4 et 10 du décret du 3 août 1920 réorganisant l'Institut d'agronomie coloniale et qui n'ont pas satisfait aux examens de sortie, entre en compte au point de vue de l'avancement comme temps de présence effective au territoire.

Art. 33. — Les congés spéciaux prévus à l'article 7 du décret du 1er août 1921, pour suivre les cours ou passer l'examen d'ensemble de fin d'études de la section agronomique ou de la section agricole de l'Institut national d'agronomie coloniale, pourront être accordés par le Commissaire de la République, aux conducteurs et conducteurs principaux proposés par leurs chefs de service et qui auront satisfait à un examen, dont les conditions seront fixées ultérieurement.

Cadre topographique

Art. 34. — Les attributions et obligations des géomètres sont définies par arrêté du Commissaire de la République.

Art. 35. — La hiérarchie, la solde et le classement au point de vue de la concession des passages et des indemnités du personnel du service topographique du Cameroun sont fixés comme suit :

GRADES	SOLDES	CATÉGORIES	PROPORTIONS
Géomètre principal :			
Après 4 ans	16.000	1re B	15 %
Avant 4 ans	15.000	2e	—
Avant 2 ans	14.000	2e	—
Géomètre :			
Après 4 ans	13.000	2e	20 %
Avant 4 ans	12.000	2e	—
Avant 2 ans	11.000	2e	—
Géomètre-adjoint :			
Après 18 mois	9.500	3e	35 %
Avant 18 mois	8.500	3e	—
Aide-géomètre :			
Après 18 mois	7.500	3e	30 %
Avant 18 mois	7.000	3e	—

Art. 36. — Peuvent être admis aides-géomètres avant 18 mois les candidats :

Munis du baccalauréat d'une section comportant les sciences ou du brevet supérieur de l'enseignement primaire.

Ou ayant satisfait aux examens de sortie de l'une des écoles ci-après : Arts-et-Métiers (Paris, Aix, Angers, Châlons, Lille, Cluny) école des mines de Saint-Etienne, école des maîtres mineurs d'Alais et de Douai,

Ou possédant le diplôme de géomètre délivré par l'école spéciale des travaux publics (Eyrolles) ou par toute autre de niveau au moins égal à cette dernière.

Les anciens commis ou adjoints techniques des ponts et chaussées, des mines ou de l'hydraulique agricole de France et d'Algérie.

Les candidats au grade d'ingénieur adjoint des travaux

publics de l'Etat qui ont obtenu à l'examen une note moyenne générale au moins égale à 12, ou ceux qui, ayant satisfait aux examens pour l'obtention du grade d'adjoint technique, n'ont pu être nommés à ce grade faute de vacances.

Les anciens sous-officiers réunissant au moins cinq années de service, pourvus de certificats attestant qu'ils ont participé à l'exécution des travaux topographiques.

Enfin, les candidats ayant subi avec succès les épreuves du concours spécial dont le programme et les modalités seront fixés par arrêté du Commissaire de la République.

Art. 37. — Peuvent être nommés goémètres-adjoints avant 18 mois jusqu'à concurrence du tiers au plus du nombre des vacances, les candidats réunissant les conditions fixées à l'article 3 et possédant le diplôme de licencié ès-sciences mathématiques ; anciens officiers du génie, y compris ceux du cadre latéral ayant quitté l'armée depuis moins de cinq ans et pouvant justifier, par des certificats techniques, de leurs aptitudes à la topographie.

Art. 38. — Peuvent être nommés géomètres avant deux ans, jusqu'à concurrence du tiers au plus du nombre des vacances, les candidats réunissant les conditions fixées à l'article 4 et qui ont satisfait aux examens de sortie de l'une des écoles ci-après :

Ecole nationale supérieure des mines, école nationale des ponts et chaussées, école du génie maritime, école polytechnique, école centrale, école navale, école forestière de Nancy et pouvant justifier de deux ans d'exercices dans un bureau d'études ou de travaux topographiques.

Les nominations et promotions dans les emplois de géomètres ont lieu dans les conditions suivantes :

Un tour aux candidats bénéficiant des conditions indiquées ci-dessus (art. 37 et 38).

Deux tours à ceux provenant des géomètres de classes inférieures.

A défaut de candidats, le tour n'est pas réservé.

Art. 39. — Tout candidat agréé selon le cas, comme aide-géomètre ou géomètre-adjoint ou géomètre doit accomplir son année de stage avec présence effective comptant du jour de son arrivée au territoire, et à l'expiration de laquelle il est appelé à subir un examen professionnel dont le programme sera fixé par arrêté du Commissaire de la République.

En cas d'échec, les aides-géomètres sont autorisés à accomplir une ou deux périodes de stage de six mois à l'expiration desquelles ils doivent subir à nouveau l'examen.

En cas de non réussite à l'un de ces examens, ils sont, sur la proposition du chef de service ou de circonscription, non titularisés. S'ils échouent au dernier examen, ils sont licenciés.

Les géomètres-adjoints et les géomètres stagiaires échouant à l'examen ne peuvent être admis à une deuxième période supplémentaire de stage ; ils sont licenciés ; en cas de réussite, ils sont, sur la proposition du chef de service ou de circonscription, titularisés.

Art. 40. — Les agents du service topographique sont pécuniairement responsables de l'exactitude des plans qu'ils ont dressés ou reçus ainsi que des frais de toute nature qui seraient la conséquence de la mauvaise exécution d'un travail quelconque.

En conséquence, des retenues seront exercées sur les appointements des agents dont les travaux auront été refusés en totalité ou en partie par le chef de service après avis, si nécessaire, d'une commission technique.

Cadre de l'Imprimerie

Art. 41. — La hiérarchie, la solde et le classement au point de vue de la concession des passages et des indemnités du personnel de l'imprimerie officielle sont fixés comme suit ;

GRADES	SOLDES	CATÉGORIES	PROPORTIONS
Chef d'imprimerie :			
Après 4 ans	16.000	1re B	15 %
Avant 4 ans	15.000	1re	—
Avant 2 ans	14.000	2e	—
Ouvrier principal :			
Après 4 ans	13.000	2e	20 %
Avant 4 ans	12.000	2e	—
Avant 2 ans	11.000	2e	—
Ouvrier :			
Après 18 mois	9.500	3e	35 %
Avant 18 mois	8.500	3e	—
Ouvrier-adjoint :			
Après 18 mois	7.500	3e	30 %
Avant 18 mois	7.000	3e	—

Art. 42. — En outre des dispositions générales prévues à l'article 3, tout candidat à un emploi dans le cadre de l'imprimerie doit fournir un certificat ou un livret d'ouvrier ou toutes autres pièces équivalentes acceptées par l'administration par lesquelles le candidat peut justifier des services accomplis dans les imprimeries commerciales, administratives ou officielles et des certificats délivrés par ces précédents employeurs et constatant ses aptitudes professionnelles.

Art. 43. — Les nominations ne peuvent être faites qu'au grade d'ouvrier-adjoint.

Art. 44. — A titre transitoire et pendant une période d'un an à compter du jour de la parution du présent arrêté pourront être admis dans le cadre local de l'imprimerie officielle du Cameroun, après avis du chef du service de l'imprimerie, les agents des cadres locaux du territoire ainsi que les agents contractuels détachés ou ayant été détachés au service de l'imprimerie pour y remplir les fonctions d'imprimeurs ou de typographes.

Les agents admis dans le nouveau cadre dans les conditions déterminées au précédent paragraphe y seront versés à un grade et à une solde de grade tels qu'ils ne subissent aucun préjudice.

Cadre des Commis greffiers

Art. 45. — Le personnel des commis-greffiers en service dans le ressort de service judiciaire du Cameroun forme un cadre local à la disposition du Commissaire de la République qui nomme à tous les emplois.

Art. 46. — La hiérarchie, la solde, le classement, au point de vue de la concession des passages et des indemnités du personnel des commis-greffiers, sont fixés comme suit :

GRADES	SOLDES	CATÉGORIES	PROPORTIONS
Commis-greffier principal :			
Après 4 ans	16.000	1re B	10 %
Avant 4 ans	15.000	2e	—
Avant 2 ans	14.000	2e	—
Commis-greffier de 1re classe :			
Après 4 ans	13.000	2e	20 %
Avant 4 ans	12.000	2e	—
Avant 2 ans	11.000	2e	—

GRADES	SOLDES	CATÉGORIES	PROPORTIONS
—	—	—	—
Commis-greffier de 2e classe :			
Après 18 mois	9.500	3e	35 %
Avant 18 mois	8.500	3e	—
Commis greffier de 3e classe :			
Après 18 mois	7.500	3e	35 %
Avant 18 mois	7.000	3e	—

Art. 47. — Sous réserve de la situation particulière des anciens militaires classés, tout candidat à un emploi dans le cadre des commis-greffiers du Cameroun, doit remplir en outre des conditions générales indiquées à l'article 3, les conditions spéciales énumérées ci-après :

1° *Peuvent être recrutés comme commis-greffier de* 3e *classe avant* 18 *mois* :

a) Les anciens sous-officiers comptant quatre années de service ou réformés pour blessures de guerre justifiant d'un stage d'au moins un an dans l'administration de la justice militaire de la guerre ;

b) Les candidats titulaires d'un baccalauréat ou du brevet supérieur métropolitain de l'enseignement primaire, ou d'un diplôme de capacité en droit ;

c) Les candidats ayant été admis au concours ouvert dans les conditions fixées ci-après et dont le programme est annexé au présent arrèté ;

d) Les clercs d'avoué ou de notaire de la métropole ou des colonies justifiant de trois ans de cléricature et titulaires d'un baccalauréat ou du brevet supérieur métropolitain de l'enseignement primaire ou du diplôme de capacité en droit ;

e) Les commis-greffiers titulaires assermentés de la métropole ou des colonies justifiant de trois ans d'exercice ;

f) Les diplômés d'une école de notariat.

2° *Peuvent être nommés directement au grade de commis-greffier de* 2e *classe avant* 18 *mois jusqu'à concurrence du quart au plus du nombre des vacances* :

Les licenciés en droit ou licenciés ès-lettres.

A défaut de candidats de cette catégorie, le tour n'est pas réservé.

Art. 48. — Le concours prévu au § 1er, alinéa *c*, de l'article précédent ne comporte que des épreuves écrites.

La date en est fixée six mois à l'avance au moins par arrêté du Commissaire de la République qui fixe également le nombre de places mises au concours.

La liste des candidats admis à en subir les épreuves est arrêtée trois mois avant la date du concours par le Commissaire de la République sur la proposition du procureur de la République. Elle est notifiée aux candidats dans le plus court délai.

Les épreuves sont subies à la même date dans les centres désignés par le Commissaire de la République. La surveillance en est assurée hors du territoire par les soins de l'autorité administrative et dans le territoire par les soins d'une commission désignée sur la proposition du Procureur de la République.

Les sujets d'épreuves sont choisis par le Commissaire de la République sur la proposition du Procureur de la République. Ils sont placés chacun sous plis scellés et ne doivent être ouverts qu'en présence des candidats au début de la séance pendant laquelle doit être subie l'épreuve.

Les compositions des candidats sont, dès la clôture des séances, placés sous plis scellés et adressés sans délai au Commissaire de la République avec les procès-verbaux de séance où sont relatés, s'il y a lieu, les incidents qui ont pu se produire.

Les compositions sont corrigées à Douala, par une commission composée comme suit :

Président :

Le président du conseil d'appel ou son délégué désigné par le Procureur de la République.

Membres :

Un membre du parquet désigné par le Procureur de la République.

La liste de classement des candidats déclarés admis est arrêtée par le Commissaire de la République et publiée au *Journal Officiel* du Cameroun.

Art. 49. — Les commis-greffiers sont soumis en ce qui concerne la retraite au régime du décret du 6 août 1921, portant création d'une caisse locale de retraites au Cameroun.

Art. 50. — A titre transitoire, pourront être admis dans le cadre des commis-greffiers, après avis du chef de service judiciaire :

1° Sans concours : les agents des cadres locaux du territoire, ainsi que les agents contractuels détachés ou ayant été détachés au service judiciaire pour y remplir à titre intérimaire les fonctions de magistrat, de greffier, de commis-greffier ou d'agent d'exécution.

2° Après concours : les agents des cadres locaux du territoire non détachés comme il est dit à l'alinéa ci-dessus.

Les agents admis dans le nouveau cadre dans les conditions déterminées aux alinéas 2 et 3 du présent article y seront versés à un grade et à une solde de grade tels qu'ils ne subissent aucun préjudice.

Pour l'avancement des agents ainsi recrutés, il ne sera tenu compte des proportions entre les différents grades indiqués au tableau de l'article 46 qu'autant qu'il sera jugé nécessaire.

Cadre des Postes et Télégraphes

CADRE SUPÉRIEUR

Art. 51. — Il est créé un cadre supérieur des postes et télé graphes dans les Territoires du Cameroun :

GRADES	SOLDES	CATÉGORIES	PROPORTIONS
Directeur :			
Après 4 ans	26.000		
Après 2 ans	24.000		
Avant 2 ans	23.000		
Inspecteur :			
Après 4 ans	22.000		
Après 2 ans	21.000		
Avant 2 ans	19.800		
Receveurs comptables centralisateurs :			
Après 4 ans	22.000		
Après 2 ans	21.000		
Avant 2 ans	19.800		

Ces fonctionnaires sont classés à la 1re catégorie B et sont soumis au règlement général sur la solde et les accessoires du personnel des services locaux.

TITRE II

RECRUTEMENT

Art. 52. — Le directeur est choisi par les inspecteurs remplissant les conditions pour passer au dernier échelon de solde de leur grade.

Art. 53. — Les inspecteurs sont recrutés parmi les candidats ayant satisfait aux épreuves d'un concours dont les conditions et le programme font l'objet d'un arrêté spécial et auquel peuvent seuls prendre part les rédacteurs principaux de l'échelon supérieur sans condition d'ancienneté, les receveurs comptables centralisateurs et les receveurs de l'échelon supérieur de solde du grade, sans condition d'ancienneté, proposés par le directeur des P. T. T. et autorisés par le Commissaire de la République au Cameroun.

Art. 54. — Les receveurs comptables centralisateurs sont recrutés parmi les candidats ayant satisfait aux épreuves d'un concours dont les conditions et le programme sont fixés par arrêté spécial et auquel peuvent prendre part les contrôleurs et contrôleurs principaux de l'échelon supérieur de solde du grade, sans conditions d'ancienneté, proposés par le directeur des P.T.T. et autorisés par le Commissaire de la République. Les rédacteurs principaux de l'échelon supérieur de solde, du grade, sans condition d'ancienneté, peuvent être nommés directement à l'emploi de receveur-comptable centralisateur sur la proposition du directeur des P. T. T. du Cameroun.

Art. 55. — Les emplois ci-dessus pourront être également attribués jusqu'à concurrence de l'effectif qui sera fixé, pour chaque grade, par arrêté du Commissaire de la République, à des fonctionnaires détachés de l'administration métropolitaine et suivant le tableau de concordance annexé au présent arrêté.

Art. 56. — Aucun inspecteur ne peut être nommé directeur s'il ne figure sur un tableau d'avancement dressé chaque année par la Commission prévue à l'article 8 du présent arrêté à la fin du deuxième semestre et arrêté par le Commissaire de la République.

Seuls pourront être inscrits au tableau les inspecteurs proposés par le Directeur des Postes et Télégraphes et qui réunissent, au

31 décembre de l'année envisagée, ou réuniront au cours de l'année suivante, les conditions fixées à l'article 53 du présent arrêté.

Les inscriptions au tableau ont lieu dans la limite des places disponibles ; le nombre de ces places est fixé chaque année, par décision du Commissaire de la République.

Art. 57. — Les inscriptions et nominations des rédacteurs principaux au grade de receveurs-comptables centralisateurs ont lieu dans les conditions déterminées aux articles 55 et 56 du présent arrêté.

Art. 58. — Le personnel du cadre supérieur des P. T. T. du Cameroun est soumis, en ce qui concerne la retraite du régime du décret du 6 août 1921 portant création d'une caisse locale de retraites au Cameroun.

Art. 59. — Les fonctionnaires actuellement en service, directeurs inspecteurs, receveurs principaux seront reclassés dans le cadre supérieur par arrêté du Commissaire de la République et après avis de la Commission de classement prévue à l'article 8.

§ VII. Cadre local des postes et télégraphes

Art. 60. — Le personnel des Postes et Télégraphes du Cameroun forme un cadre local à la disposition du Commissaire de la République qui nomme à tous les emplois et qui comprend en dehors du personnel de direction, de haut contrôle et de comptables supérieurs des Postes, qui fait l'objet d'un arrêté spécial :

a) Un personnel d'administration centrale ;
b) Un personnel d'exploitation ;
c) Un personnel technique.

Art. 61. — La hiérarchie, la solde et le classement au point de vue des passages et des indemnités des fonctionnaires et agents des Postes et Télégraphes sont fixés comme suit :

GRADES	SOLDES	CATÉGORIES	PROPORTIONS
—	—	—	—
Personnel de l'Administration centrale :			
Rédacteur principal	18.000	1re B	
—	16.000	1re B	

GRADES	SOLDES	CATÉGORIES	PROPORTIONS
—	—	—	—
Rédacteur	15.000	2e	
—	14.000	2e	
—	13.000	2e	
—	11.500	2e	
Personnel d'exploitation :			
Receveur à	18.000	1re B	
—	16.000	1re B	
Contrôleur principal	16.000	1re B	
—	15.000	1re B	
Contrôleur à	14.000	2e	35 %
—	13.000	2e	—
—	11.500	2e	—
Commis principal	13.000	2e	65 %
—	12.000	2e	—
—	11.000	2e	—
Commis à	9.500	3e	65 %
—	8.500	3e	—
—	8.000	3e	—
—	7.500	3e	—
—	7.000	3e	—
Personnel technique :			
Chef mécanicien électricien..	16.000	1re B	10 %
— — ..	15.000	1re B	—
— — ..	14.000	1re B	—
Mécanicien électricien princip.	13.000	2e	10 %
— —	12.000	2e	—
— —	11.000	2e	—
Mécanicien électricien	9.500	3e	30 %
— —	8.500	3e	—
— —	8.000	3e	—
— —	7.500	3e	—
— —	7.000	3e	—
Chef d'atelier des lignes ...	14.000	2e	10 %
— — ...	12.500	2e	—
— — ...	11.000	2e	—
Chef surveillant principal ..	10.000	3e	10 %
— — ..	9.500	3e	—
Chef surveillant à	9.000	3e	30 %
—	8.500	3e	—
—	8.000	3e	—
—	7.500	3e	—
—	7.000	3e	—

Art. 62. — Tout candidat à un emploi dans le cadre local des Postes et Télégraphes du Cameroun doit, en outre, des conditions générales indiquées à l'article 3, remplir les conditions spéciales énumérées ci-après.

Art. 63. — Les rédacteurs principaux sont choisis parmi les rédacteurs ayant au moins deux ans d'ancienneté à la solde la plus élevée de leur grade.

L'accession au grade de rédacteur est réservée aux receveurs, contrôleurs principaux, contrôleurs, commis principaux et commis bien notés comptant un minimum de huit ans de service dans le cadre local des Postes et Télégraphes du Cameroun, et ayant subi avec succès les épreuves d'un concours dont le programme est fixé par arrêté du Commissaire de la République.

PERSONNEL DE L'EXPLOITATION

Art. 64. — Le personnel de l'exploitation comprend des receveurs, des contrôleurs principaux, des contrôleurs, des commis principaux et des commis.

Art. 65. — Les receveurs sont recrutés parmi les contrôleurs principaux et les rédacteurs au moins au traitement de 15.000 fr. proposés pour ce grade par le chef du service.

Art. 66. — Les contrôleurs principaux sont choisis parmi les contrôleurs ayant au moins deux ans d'ancienneté à la solde la plus élevée de leur grade.

Peuvent être nommés au grade de contrôleurs à 11.500 fr., les commis principaux et les commis au traitement de 9.500 fr. réunissant les conditions nécessaires pour obtenir un avancement notés au choix et proposés pour ce grade par le chef du service et ayant subi avec succès les épreuves d'un examen d'ordre professionnel dont le programme est arrêté par le Commissaire de la République.

Art. 67. — Les commis principaux sont recrutés parmi les commis qui ne remplissent pas les conditions pour passer contrôleurs.

Sous réserve de la situation particulière des anciens militaire classés réformés n° 1 ou retraités par suite d'infirmités résultant de blessures ou de maladie contractées devant l'ennemi, dans les conditions déterminées par la loi du 30 janvier 1923 et par le décret du 13 juillet 1925, peuvent seuls être nommés à l'emploi de commis les candidats qui auront subi avec succès les épreuves d'un concours dont le programme et les conditions seront fixés par arrêté du Commissaire de la République.

A titre exceptionnel et provisoire peuvent être admis sans concours à l'emploi visé ci-dessus :

1° Les candidats bacheliers ou pourvus du brevet supérieur ou du diplôme de sortie d'une école supérieure du commerce;

2° Les candidats classés au concours du surnumérariat des Postes et Télégraphes de la Métropole ;

3° Les sous-officiers des armées actives de terre et de mer classés en vertu de la loi sur le recrutement de l'armée ;

4° Les radiotélégraphistes brevetés justifiant de trois années de services dans une station de bord ou une station côtière ;

5° Les candidats justifiant de trois années de services dans une administration des P. T. T. soit comme agents manipulants, soit comme agents auxiliaires et prouvant par des certificats qu'ils ont acquis une connaissance suffisante du service.

PERSONNEL TECHNIQUE

Art. 68. — Le personnel technique des Postes et Télégraphes comprend :

Des mécaniciens électriciens,

Des chefs d'ateliers et des chefs surveillants des lignes télégraphiques et téléphoniques.

Art. 69. — Les mécaniciens électriciens sont recrutés :

a) Parmi les sous-officiers de l'artillerie et du génie classés en vertu de la loi sur le recrutement de l'armée ;

b) Parmi les candidats justifiant, par la production de certificats dûment légalisés, qu'ils ont travaillé pendant six mois au moins dans un atelier ou un service d'électricité de l'administration métropolitaine des P. T. T. ;

c) Parmi les agents du service des lignes qui auront subi avec succès les épreuves d'un concours dont le programme sera fixé par arrêté du Commissaire de la République.

Les élèves diplômés des écoles des Arts et Métiers ou d'une école professionnelle d'électricité reconnue par l'Etat, et justifiant, par la production de certificats dûment légalisés, qu'ils ont travaillé pendant six mois au moins dans un atelier ou un service d'électricité, peuvent être nommés mécaniciens au traitement de 9.500 fr.

Art. 70. — Les mécaniciens principaux sont choisis à la solde la plus élevée, proposés au choix par le Directeur et ayant subi avec succès les épreuves d'un examen d'ordre professionnel dont le programme est arrêté par le Commissaire de la République.

Peuvent être nommés au grade de chef mécanicien les mécaniciens principaux bien notés comptant au moins deux années d'ancienneté à la solde la plus élevée et proposés par le Directeur des P. T. T.

Art. 71. — Les chefs d'atelier des lignes sont recrutés parmi les chefs surveillants principaux qui auront subi avec succès les épreuves d'un concours dont le programme sera fixé par le Commissaire de la République.

Peuvent être nommés au grade de chef surveillant les sous-officiers de l'artillerie et du génie, classés en vertu de la loi sur le recrutement de l'armée et les candidats qui peuvent justifier, par la production de certificats dûment légalisés, qu'ils ont travaillé comme ouvrier d'équipe des lignes électriques pendant au moins un an dans l'industrie privée ou dans une administration des Postes et Télégraphes.

Art. 72. — Les fonctionnaires, agents, employés et ouvriers du cadre local des postes et télégraphes peuvent également être recrutés à tous les échelons de la hiérarchie parmi les fonctionnaires, agents, employés et ouvriers métropolitains des postes et télégraphes qu'ils soient ou non à la disposition du Commissaire de la République au Cameroun et qui ont démissionné au préalable de leur corps d'origine.

Ils sont classés au moment de leur démission au grade et à la solde correspondant au tableau de concordance annexé au présent arrêté et bénéficient au moment de leur incorporation d'une ancienneté égale à celle qu'ils possèdent dans leur corps d'origine.

Les agents titulaires des administrations des P. T. T. des colonies, pays sous protectorat et pays sous mandat français peuvent également être admis dans le cadre à un grade correspondant à leur solde en conservant le bénéfice de leur ancienneté dans leur cadre d'origine.

Art. 73. — Tout agent du cadre local des postes et télégraphes doit, avant d'entrer en fonctions, prêter le serment professionnel devant le juge de paix ou le président du tribunal de première instance, conformément aux lois des 26 et 29 août 1890 et à l'ordonnance du 24 août 1833.

Art. 74. — Sauf les cas prévus aux articles 72 et 75, tout agent admis dans le cadre local des postes et télégraphes débute à la solde de début. Les grades sont conférés à la solde de début pour les agents qui ont un traitement inférieur ou égal à cette solde, et à la solde correspondante à celle de leur ancien grade si les agents jouissaient d'une solde supérieure au traitement de début de leur nouveau grade.

Si la promotion comporte une augmentation de solde, l'ancienneté dans le nouveau grade court de la date de la nomination. Dans le cas contraire, l'agent conserve l'ancienneté acquise dans la position antérieure.

FONCTIONNAIRES ET AGENTS MÉTROPOLITAINS DÉTACHÉS

Art. 75. — Les fonctionnaires et agents métropolitains détachés au Cameroun sont assimilés au point de vue de la solde et du grade aux fonctionnaires et agents du cadre local d'après un tableau de concordance annexé au présent arrêté.

Cette assimilation est faite à l'arrivée des agents du territoire pour tout le temps qu'ils restent à la disposition du Commissaire de la République, soit au Cameroun, soit en congé. L'augmentation de traitement qui en résulte pour eux tient lieu de l'indemnité spéciale prévue au dernier alinéa de l'article 2 de l'arrêté interministériel du 26 septembre 1920.

Ces agents suivent les échelons de solde et de grade du tableau de concordance dans les conditions déterminées par les articles 6, 7, 8, 72 et 74 du présent arrêté.

Cadre local des Chemins de fer

(*Extrait de l'Arrêté du 2 novembre* **1926**)

Art. 76. — Le personnel des chemins de fer du Cameroun forme un cadre local à la disposition du Commissaire de la République qui nomme à tous les emplois.

Art. 77. — Ce cadre comprend :

1° Le personnel de l'administration centrale et des bureaux ;

2° Le personnel de l'exploitation ;

3° Le personnel de la voie et des bâtiments ;

4° Le personnel du matériel et de la traction.

Art. 78. — La hiérarchie, la solde et le classement au point de vue de la concession des passages et des indemnités personnels du cadre local des chemins de fer du Cameroun sont fixés comme suit :

GRADES	SOLDES	CATÉGORIES	PROPORTIONS
—	—	—	—
Administration centrale et bureaux :			
Chef de bureau principal ...	18.000	1re B	3 unités
Chef de bureau :			
Après 3 ans	17.000	1re B	—
Avant 3 ans	16.000	1re B	—
Sous-chef de bureau :			
Après 4 ans	15.000	2e B	25 %
Avant 4 ans	14.000	2e B	—
Avant 2 ans	13.000	2e B	—
Comptable principal et dessinateur principal de classe exceptionnelle	14.000	2e B	25 %
Dessinateur principal et comptable principal :			
Après 66 mois	13.000	2e B	25 %
Avant 66 mois	12.000	2e B	—
Avant 42 mois	11.000	2e B	—
Avant 18 miis	9.500	3e B	—
Comptable et dessinateur :			
Après 54 mois	8.500	3e B	75 %
Avant 54 mois	8.000	3e B	—
Avant 36 mois	7.500	3e B	—
Avant 18 mois	7.000	3e B	—
Exploitation :			
Inspecteur principal	18.000	1re B	10 %
Inspecteur :			
Après 3 ans	17.000	1re B	10 %
Avant 3 ans	16.000	1re B	—
Sous-inspecteur :			
Après 4 ans	15.000	2e B	15 %
Avant 4 ans	14.000	2e B	—
Avant 2 ans.............	13.000	2e B	—
Chef de gare principal et contrôleur de classe exceptionnelle	14.000	2e B	15 %
Chef de gare et contrôleur principal :			

GRADES	SOLDES	CATÉGORIES	PROPORTIONS
—	—	—	—
Après 66 mois	13.000	2e B	15 %
Avant 66 mois	12.000	2e B	—
Avant 42 mois	11.000	2e B	—
Avant 18 mois	9.000	3e B	75 %
Sous chef de gare et contrôleur :			
Après 54 mois	8.500	3e B	75 %
Avant 54 mois	8.000	3e B	—
Avant 36 mois	7.500	3e B	—
Avant 18 mois	7.000	3e B	—
Voie et bâtiments :			
Inspecteur principal	18.000	1re B	10 %
Inspecteur :			
Après 3 ans	17.000	1re B	10 %
Avant 3 ans	16.000	1re B	—
Chef de section :			
Après 4 ans	15.000	2e B	15 %
Avant 4 ans	14.000	2e B	—
Avant 2 ans	13.0p0	2e B	—
Chef de district de classe exceptionnelle	14.000	2e B	15 %
Chef de district principal :			
Après 66 mois	13.000	2e B	15 %
Avant 66 mois	12.000	2e B	—
Avant 42 mois	11.000	2e B	—
Avant 18 mois	9.500	2e B	—
Chef de district :			
Après 54 mois	8.500	3e B	75 %
Avant 54 mois	8.000	3e B	—
Avant 36 mois	7.500	3e B	—
Avant 16 mois	7.000	3e B	—
Matériel et Traction :			
Inspecteur principal	18.000	1re B	10 %
Inspecteur :			
Après 3 ans	17.000	1re B	10 %
Avant 3 ans	16.000	1re B	—
Chef de dépôt :			
Après 4 ans	15.000	2e B	15 %
Avant 4 ans	14.000	2e B	—
Avant 2 ans	13.000	2e B	—

GRADES	SOLDES	CATÉGORIES	PROPORTIONS
Chef ouvrier d'art ou de dépôt de classe exceptionnelle...	14.000	2e B	15 %
Chef ouvrier d'art, sous-chef d'atelier et sous-chef de dépôt :			
Après 66 mois	13.000	2e B	15 %
Avant 66 mois	12.000	2e B	—
Avant 42 mois	11.000	2e B	—
Avant 18 mois	9.500	3e B	75 %
Ouvrier d'art :			
Après 54 mois	8.500	3e B	75 %
Avant 54 mois	8.000	3e B	—
Avant 36 mois	7.500	3e B	—
Avant 18 mois	7.000	3e B	—

Art. 79. — En outre des conditions générales indiquées à l'article 3, tout candidat à un emploi dans le cadre local des chemins de fer du Cameoun doit remplir les conditions spéciales suivantes :

Art. 80. — Peuvent être admis :

Comptable stagiaire, dessinateur stagiaire, sous-chef de gare stagiaire, contrôleur stagiaire, chef de district stagiaire, ouvrier d'art stagiaire :

1o Les militaires des armées de terre et de mer remplissant les conditions prévues par l'article 3 réformés no 1 ou retraités par suite d'infirmités résultant de blessures ou de maladies contractées devant l'ennemi au cours de la guerre 1914-1919, dans les conditions déterminées par la loi du 30 janvier 1923 et le décret du 13 juillet 1923 ;

2o Les militaires des armées de terre et de mer, comptant au moins quatre années de service, et classés par les soins du Ministre de la Guerre, conformément aux dispositions de la loi du 21 mars 1905, modifiées par les lois des 7 août 1913 et 1er avril 1923, sur le recrutement de l'armée.

Art. 81. — Peuvent être admis comptables stagiaires en outre des candidats visés à l'article 80 :

1o Les candidats remplissant les conditions prévues à l'article 3 et pourvus de l'un des diplômes ou de l'une des références suivantes :

a) Certificat de fin d'études d'une école supérieure ou pratique de commerce reconnue par l'Etat ;

b) Diplôme d'une école de comptabilité ;

c) Certificat de teneur de livres de la Société de comptabilité de France ;

d) Diplôme de bachelier de l'enseignement secondaire de quelque ordre que ce soit, brevet supérieur de l'enseignement primaire, du diplôme de sortie de l'Institut commercial de Paris ou d'une école supérieure de commerce reconnue par l'Etat, diplôme de sortie de l'école coloniale du Havre avec titres spéciaux justifiant d'aptitude à cet emploi.

2° Les anciens sous-officiers, caporaux et brigadiers du génie ou d'artillerie, remplissant les conditions prévues à l'article 3 et pouvant justifier, par certificats portant appréciation technique constatée, de deux années de pratique dans un emploi analogue, dans un service administratif de travaux publics, dans une entreprise de travaux publics ou de chemin de fer métropolitain ou colonial ;

3° Les anciens sergents-majors de toutes armes remplissant les conditions prévues à l'article 3 et justifiant d'au moins deux années de service comme comptable dans ce grade, et les comptables des sections de commis et ouvriers d'administration remplissant les mêmes conditions.

Art. 82. — Peuvent être admis dessinateurs stagiaires en outre des candidats visés à l'article 80 :

1° Les candidats remplissant les conditions prévues à l'article 3 et pourvus du diplôme de bachelier de l'enseignement secondaire, de quelque ordre que ce soit, du brevet supérieur de l'enseignement primaire, du diplôme de sortie de l'Institut commercial de Paris, de l'école coloniale du Havre ou d'une école supérieure ou pratique de commerce ou d'une école professionnelle reconnue par l'Etat et pouvant justifier, par des titres spéciaux de leurs aptitudes à cet emploi ;

2° Les anciens sous-officiers, caporaux et brigadiers du génie et de l'artillerie remplissant les conditions prévues par l'article 3 pouvant justifier de deux années de pratique du dessin dans un service administratif de travaux publics, dans une entreprise de travaux publics ou de chemin de fer métropolitain ou colonial ;

3° Les facteurs ou sous-chefs de gare pouvant justifier de

deux ans de service au moins dans un réseau de chemin de fer métropolitain.

Art. 83. — Peuvent être admis chefs de district stagiaires en outre des candidats visés à l'article 80 :

1° Les candidats remplissant les conditions prévues à l'article 3 et pourvus du brevet supérieur de l'enseignement primaire ou d'un diplôme de bachelier de l'enseignement secondaire de quelque ordre que ce soit ou d'un certificat de fin d'études d'une école professionnelle reconnue par l'Etat et pouvant justifier, par des titres spéciaux, de leurs aptitudes à cet emploi ;

2° Les anciens sous-officiers, caporaux et brigadiers du génie pouvant justifier par de certificats portant appréciation technique constatée, de deux années de pratique dans les services de la voie ou de la construction d'un chemin de fer métropolitain ou colonial ;

3° Les poseurs, brigadiers poseurs et chefs de district pouvant justifier de deux ans de service au moins dans un réseau des chemins de fer métropolitain.

Art. 84. — Peuvent être admis ouvriers d'art stagiaires en outre des candidats visés à l'article 80 :

1° Les candidats remplissant les conditions prévues à l'article 3 et pourvus du brevet supérieur de l'enseignement primaire, du diplôme de bachelier de l'enseignement secondaire de quelque ordre que ce soit, du diplôme de sortie de l'Institut commercial de Paris, de l'école coloniale du Havre, du certificat de fin d'études d'une école supérieure ou pratique de commerce ou d'une école professionnelle reconnue par l'Etat et pouvant justifier, par des titres spéciaux de leurs aptitudes à cet emploi ;

2° Les anciens sous-officiers, caporaux et brigadiers de l'artillerie ou du génie remplissant les conditions prévues à l'article 3 et pouvant justifier, par des certificats portant appréciation technique constatée, de deux années de pratique, de la spécialité considérée dans un emploi analogue :

Les anciens ouvriers des compagnies d'ouvriers de l'artillerie métropolitaine ou coloniale, des directions d'artillerie, les anciens mécaniciens brevetés de la flotte et les anciens ouvriers spécialisés des arsenaux remplissant les conditions prévues à l'article 3 et pouvant justifier de deux années de présence dans ces corps et services.

Art. 85. — Dans chaque catégorie, la moitié des vacances est, à aptitudes égales, attribuée, le cas échéant, aux candidats militaires réformés et classés et le reste aux autres candidats. A défaut de candidats dans l'une des catégories ci-dessus, le tour n'est pas réservé.

Art. 86. — Les agents comptables peuvent être nommés provisoirement sous-chef de gare et réciproquement, sur leur demande et sur proposition favorable du directeur.

Cette nomination est rendue définitive dans la limite d'un cinquième des vacances dans les emplois sus-indiqués si, après un stage d'un an, les agents ainsi nommés subissent avec succès un examen professionnel dont le programme sera fixé par un arrêté du Commissaire de la République.

En cas d'insuccès, les agents nommés provisoirement sont réintégrés dans leur catégorie d'origine avac l'ancienneté qu'ils avaient au moment de leur nomination au grade de sous-chef de gare ou d'agent comptable, augmentée du temps de stage.

Art. 87. — Les dessinateurs principaux proposables pour l'avancement pourront être nommés chefs de section ou chefs de dépôt ou exceptionnellement sous-chefs d'un bureau de dessin important après avoir satisfait aux épreuves d'un examen dont le programme est fixé par arrêté du Commissaire de la République.

Dans ce dernier cas, ils peuvent être promus ensuite chefs de bureau et même chefs de bureau principaux dans les conditions prévues pour l'avancement.

Art. 88. — Les contrôleurs peuvent être nommés sous-chefs de gare et les contrôleurs principaux chefs de gare, après avoir satisfait aux épreuves d'un examen professionnel dont le programme est fixé par arrêté du Commissaire de la République.

Dans ce cas, ils gardent l'ancienneté qu'ils avaient comme contrôleurs ou contrôleurs principaux.

Art. 89. — Peuvent être nommés directement aux emplois de comptable principal, dessinateur principal, chef de gare, contrôleur principal, chef de district principal, chef ouvrier d'art, sous-chef d'atelier ou sous-chef de dépôt :

Les candidats réunissant les conditions prévues à l'article 3 et possédant l'un des titres ou diplômes énumérés ci-après : diplôme supérieur d'études commerciales délivré par le Ministre du Commerce aux élèves bacheliers sortant des écoles supérieures de commerce reconnues par l'Etat (y compris l'Ecole des hautes études commerciales et l'Institut commercial de Paris) en conformité de l'article 14 du décret du 30 avril 1906 modifié par le décret du 30 septembre 1910, diplôme des écoles industrielles ou de dessin, commission de sous-chef de gare titulaire de l'un des réseaux métropolitains ou d'Algérie, diplôme d'ingénieur des écoles des arts et métiers ou de toute autre école d'un niveau d'études scientifiques au moins égal.

Le quart des vacances dens ces emplois est attribué, le cas échéant, aux postulants de ces catégories, le reste est attribué aux dessinateurs, comptables, sous-chefs de gare et contrôleurs, chefs de districts, ouvriers d'art, régulièrement proposés et inscrits au tableau d'avancement.

Art. 90. — Peuvent être nommés directement à un emploi de sous-chef de bureau, les candidats réunissant les conditions fixées à l'article 3, titulaires d'une licence ou d'un diplôme équivalent, et pouvant justifier d'au moins deux années de présence dans un service de contentieux, d'une administration de chemin de fer de l'Etat, des colonies ou privée.

Un cinquième des vacances est attribué, le cas échéant, aux candidats de cette catégorie, le reste est attribué aux comptables principaux des travaux publics ou des chemins de fer ayant satisfait aux épreuves d'un examen dont le programme fait l'objet d'un arrêté du Commissaire de la République.

Art. 91. — Peuvent être nommés jusqu'à concurrence d'un tiers des vacances directement aux emplois de sous-inspecteur de l'exploitation, de chef de section et de chef de dépôt :

1° Les candidats réunissant les conditions prévues à l'article 3, possédant le titre d'ancien élève de l'Ecole Polytechnique ou le diplôme d'ingénieur de l'Ecole Centrale de Paris et pouvant justifier soit de trois ans de pratique de leur spécialité dans des chemins de fer métropolitains ou coloniaux, soit d'avoir satisfait aux examens des grades correspondants des grandes Compagnies ;

2° Les candidats pouvant justifier de huit ans de pratique de leur spécialité dans les chemins de fer métropolitains et ayant satisfait aux examens des grades correspondants des grandes Compagnies ;

3° Les anciens officiers du génie ou d'artillerie de l'armée active, ayant quitté l'armée depuis moins de cinq ans et pouvant justifier de trois années au moins de fonctions analogues dans l'exploitation d'un chemin de fer.

Les deux autres tiers des vacances sont réservées aux chefs de gare et contrôleurs principaux, chefs de district principaux chefs ouvriers d'art, sous-chefs d'atelier ou sous-chefs de dépôt régulièrement proposés pour l'avancement et ayant satisfait aux épreuves d'un examen dont le programme est fixé par arrêté du Commissaire de la République.

Art. 92. — Les candidats aux emplois visés par les articles 87, 88, 89, 90 et 91 peuvent, en cas d'insuccès, se présenter une deuxième fois aux examens prévus sauf ceux qui auraient été promus entre temps à la classe supérieure.

Art. 93. — En dehors des cas spéciaux stipulés ci-dessus, nul ne pourra être admis qu'au grade et à l'échelon de début.

Cadre local des Travaux publics

(*Extrait de l'Arrêté du* 2 *novemvre* 1926)

CONSTITUTION DU CADRE

Art. 94. — Le personnel du cadre des travaux publics du Cameroun forme un cadre local à la disposition du Commissaire de la République qui nomme à tous les emplois.

Art. 95. — Ce cadre comprend :

1° Le personnel des bureaux ;
2° Le personnel des ateliers ;
3° Le personnel des chantiers et magasins ;
4° Le personnel des phares.

Art. 96. — La hiérarchie, la solde et le classement, au point de vue de la concession des passages et des indemnités du personnel du cadre local des travaux publics du Cameroun, sont fixés comme suit :

GRADES	SOLDES	CATÉGORIES	PROPORTIONS
Bureaux :			
Chef de bureau principal	18.000	1re B	3 unités
Chef de bureau :			
Après 3 ans	17.000	1re B	3 unités
Avant 3 ans	16.000	1re B	3 unités
Sous-chef de bureau ;			
Après 4 ans	15.000	1re B	3 unités
Avant 4 ans	14.000	1re B	—
Après 2 ans	13.000	1re B	—

GRADES	SOLDES	CATÉGORIES	PROPORTIONS
—	—	—	—
Comptable principal et dessinateur principal de classe exceptionnelle	14.000	2e	25 %
Comptable principal et dessinateur principal :			
Après 66 mois	13.000	2e	25 %
Avant 66 mois	12.000	2e	—
Avant 42 mois	11.000	2e	—
Avant 18 mois	9.500	2e	—
Comptable et dessinateur :			
Après 54 mois	8.500	3e	75 %
Avant 54 mois	8.000	3e	—
Avant 36 mois	7.500	3e	—
Avant 18 mois	7.000	3e	—
Ateliers :			
Chef d'atelier principal de classe exceptionnelle ...	18.000	1re B	10 %
Chef d'atelier principal :			
Après 3 ans	17.000	1re B	10 %
Avant 3 ans	16.000	1re B	—
Chef d'atelier :			
Après 4 ans	15.000	2e	15 %
Avant 4 ans	14.000	2e	—
Avant 2 ans	13.000	2e	—
Chef ouvrier d'art et sous-chef d'atelier de classe exceptionnelle................	14.000	2e	75 %
Chef ouvrier d'art et sous-chef d'atelier :			
Après 66 mois	13.000	2e	75 %
Avant 66 mois	12.000	2e	—
Avant 42 mois	11.000	2e	—
Avant 18 mois	9.500	2e	—
Ouvrier d'art :			
Après 54 mois	8.500	3e	75 %
Avant 54 mois	8.000	3e	—
Avant 36 mois	7.500	3e	—
Avant 18 mois	7.000	3e	—
Magasins et chantiers :			
Chef magasinier principal et chef surveillant principal..	14.000	2e	40 %

GRADES	SOLDES	CATÉGORIES	PROPORTIONS
—	—	—	—
Magasinier principal et surveillant principal :			
Après 66 mois	13.000	2e	40 %
Avant 66 mois	12.000	2e	—
Avant 42 mois	11.000	2e	—
Avant 18 mois	9.500	2e	—
Magasinier et surveillant :			
Après 54 mois	8.500	3e	60 %
Avant 54 mois	8.000	3e	—
Avant 36 mois	7.500	3e	—
Avant 18 mois	7.000	3e	—
Maître de phare principal de classe exceptionnelle	14.000	2e	40 %
Maître de phare principal :			
Après 66 mois	13.000	2e	40 %
Avant 66 mois	12.000	2e	—
Avant 42 mois	11.000	2e	—
Avant 18 mois	9.500	2e	—
Maître de phare :			
Après 54 mois	8.500	3e	60 %
Avant 54 mois	8.000	3e	—
Avant 36 mois	7.500	3e	—
Avant 18 mois	7.000	3e	—

Art. 97. — En outre des conditions générales indiquées à l'article 3, tout candidat à un emploi dans le cadre local des travaux publics du Cameroun doit remplir les conditions spéciales suivantes :

Art. 98. — Peuvent être admis :

Comptables stagiaires, dessinateurs stagiaires, ouvriers d'art stagiaires, magasiniers stagiaires, surveillants stagiaires, maîtres de phare stagiaires :

1° Les militaires des armées de terre et de mer remplissant les conditions prévues par l'article 3, réformés n° 1 ou retraités par suite d'infirmités résultant de blessures ou de maladies contractées devant l'ennemi au cours de la guerre 1914-1919 dans les conditions déterminées par la loi du 30 janvier 1923 et le décret du 13 juillet 1923 ;

2° Les militaires des armées de terre et de mer, comptant au moins quatre années de service et classés par les soins du Ministre de la Guerre, conformément aux dispositions de la loi du 21 mars 1905, modifiées par les lois des 7 août 1913 et 1er avril 1923, sur le recrutement de l'armée.

Art. 99. — Peuvent être admis comptables stagiaires en outre des candidats visés à l'article 98 :

1o Les candidats remplissant les conditions prévues à l'article 3 et pourvus de l'un des diplômes ou de l'une des références suivantes :

a) Certificat de fin d'études d'une école supérieure ou pratique de commerce reconnue par l'Etat ;

b) Diplôme d'une école de comptabilité ;

c) Certificat de teneur de livres de la Société de comptabilité de France ;

d) Diplôme de bachelier de l'enseignement secondaire de quelque ordre que ce soit : brevet supérieur de l'enseignement primaire, diplôme de sortie de l'école coloniale du Havre avec titres spéciaux justifiant l'aptitude à cet emploi.

2o Les anciens sous-officiers, caporaux et brigadiers du génie ou d'artillerie, remplissant les conditions prévues à l'article 3 et pouvant justifier par certificats, appréciation technique constatée de deux années de pratique dans un emploi analogue, dans un service de travaux publics, dans une entreprise ou de chemin de fer métropolitain ou colonial ;

3o Les anciens sergents-majors de toutes armes remplissant les conditions prévues à l'article 3 et justifiant d'au moins deux années de service comme comptable dans ce grade et les comptables des sections de commis et ouvriers d'Administration remplissant les mêmes conditions.

Art. 100. — Peuvent être admis dessinateurs stagiaires en outre des candidats visés à l'article 98 :

1o Les candidats remplissant les conditions prévues à l'article 3 et pourvus du diplôme de bachelier de l'enseignement secondaire de quelque ordre que ce soit, du brevet supérieur de l'enseignement primaire, du diplôme de sortie de l'Institut commercial de Paris, de l'école coloniale du Havre ou du certificat de fin d'études d'une école supérieure ou pratique de commerce ou d'une école professionnelle reconnue par l'Etat et pouvant justifier, par des titres spéciaux, de leurs aptitudes à cet emploi ;

2o Les anciens sous-officiers, caporaux et brigadiers du génie et de l'artillerie remplissant les conditions prévues par l'article 3 et pouvant justifier de deux années de pratique du dessin dans un service administratif de travaux publics, dans une entreprise de travaux publics ou de chemin de fer métropolitain ou colonial.

Art. 101. — Peuvent être admis ouvriers d'art stagiaires en outre des candidats visés à l'article 98 :

1° Les candidats remplissant les conditions prévues à l'article 3 et pourvus du diplôme de bachelier de l'enseignement secondaire de quelque ordre que ce soit, du brevet supérieur de l'enseignement primaire, du diplôme de sortie de l'Institut commercial de Paris, de l'Ecole coloniale du Havre, du certificat de fin d'études d'une école supérieure ou pratique de commerce ou d'une école professionnelle reconnue par l'Etat, les anciens élèves de l'école des apprentis mécaniciens de la Marine, des écoles préparatoires aux écoles des arts et métiers ou des écoles comportant un enseignement professionnel de même niveau, et pouvant justifier, par des titres spéciaux, de leurs aptitudes à cet emploi ;

2° Les anciens sous-officiers, caporaux et brigadiers de l'artillerie ou du génie remplissant les conditions prévues à l'article 3 et pouvant justifier, par des certificats portant appréciation technique constatée, de deux années de pratique, de la spécialité considérée dans un emploi analogue.

3° Les anciens ouvriers des compagnies d'ouvriers de l'artillerie métropolitaine ou coloniale, des directions d'artillerie ; les anciens mécaniciens brevetés de la flotte et anciens ouvriers spécialisés des arsenaux remplissant les conditions prévues à l'article 3 et pouvant justifier de deux années de présence dans ces corps et services.

Art. 102. — Peuvent être nommés maîtres de phare stagiaires : les agents des services métropolitains des phares ayant moins de deux ans de service ;

Les manœuvres signaleurs de la Marine Nationale ayant servi au moins trois ans à l'Etat ;

Les timoniers de la marine marchande pouvant justifier de cinq années au moins de navigation à bord d'un navire d'une Compagnie de navigation ou du commerce, et possédant en outre un certificat d'une instruction primaire suffisante.

Les ouvriers d'art possédant les connaissances spéciales requises et pouvant justifier, sur certificat, d'une instruction primaire suffisante.

Fig. 32. — Pieds de manioc

Fig. 33. — Nyombé. Plantation de tabac

Art. 103. — Peuvent être agréés directement dans le cadre des maîtres de phare les candidats en service dans des services métropolitains régulièrement détachés.

Ils prennent rang dans la hiérarchie des maîtres de phare du Cameroun à la classe correspondante de leur solde dans leur service d'origine ou, à défaut, concordance, à la solde immédiatement supérieure.

Ils bénéficient d'une ancienneté de classe égale à celle qu'ils avaient dans leur cadre de provenance au moment de leur incorporation.

Ils sont soumis, pendant toute la durée de leur incorporation, dans le cadre local du Cameroun aux réglements locaux qui régissent ce cadre.

Art. 104. — Dans chaque catégorie, la moitié des vacances est, à aptitudes égales, attribuée, le cas échéant, aux candidats militaires réformés et classés et le reste aux autres candidats.

Art. 105. — Les dessinateurs principaux proposables pour l'avancement pourront être nommés chefs d'atelier ou, exceptionnellement, sous-chef d'un bureau de dessin important, après avoir satisfait aux épreuves d'examen dont le programme est fixé par arrêté du Commissaire de la République.

Dans ce dernier cas, ils peuvent être promus ensuite chefs de bureau et même chefs de bureau principaux dans les conditions prévues pour l'avancement.

Art. 106. — Peuvent être nommés directement aux emplois de comptable principal, dessinateur principal, chef ouvrier d'art, sous-chef d'atelier :

Les candidats réunissant les conditions prévues à l'article 3 et possédant l'un des titres ou diplômes énumérés ci-après : diplôme supérieur d'études commerciales délivré par le Ministre du Commerce aux élèves bacheliers sortant des écoles supérieures de commerce reconnues par l'Etat (y compris l'école des hautes études commerciales et l'Institut commercial de Paris), en conformité de l'article 14 du décret du 30 avril 1906 modifié par le décret du 30 septembre 1910 ; diplôme des écoles industrielles ou de dessin ; diplôme d'ingénieur des écoles des arts et métiers ou toute autre école d'un niveau d'études scientifiques au moins égal.

Le quart des vacances dans ces emplois est attribué, le cas échéant, aux postulants de ces catégories, le reste est attribué aux dessinateurs, comptables, ouvriers d'art régulièrement proposés et inscrits au tableau d'avancement.

Art. 107. — Peuvent être nommés directement à un emploi de chef de bureau, les candidats réunissant les conditions fixées à l'article 3, titulaires d'une licence ou d'un diplôme équivalent, et pouvant justifier d'au moins deux années de présence dans un service du contentieux d'une Administration de chemin de fer de l'Etat, des colonies ou privée.

Un cinquième des vacances est attribué, le cas échéant, aux candidats de cette catégorie, le reste est attribué aux comptables principaux des travaux publics ou des chemins de fer ayant satisfait aux épreuves d'un examen dont le programme fait l'objet d'un arrêté du Commissaire de la République.

Art. 108. — Peuvent être nommés, jusqu'à concurrence d'un tiers des vacances, directement aux emplois de chefs d'atelier :

1° Les candidats réunissant les conditions prévues à l'article 3 et possédant le titre d'ancien élève de l'Ecole Polytechnique ou le diplôme d'ingénieur de l'Ecole Centrale de Paris, et pouvant justifier soit de trois ans de pratique de leur spécialité dans les arsenaux, grands ateliers, ou établissements similaires de la métropole ;

2° Les candidats pouvant justifier de huit ans de pratique de leur spécialité dans les arsenaux, grands ateliers ou établissements similaires de la métropole ;

3° Les anciens officiers du génie ou de l'artillerie de l'armée active, ayant quitté l'armée depuis moins de cinq ans et pouvant justifier de trois années au moins de fonctions analogues dans les ateliers des travaux publics ou des chemins de fer.

Les deux autres tiers des vacances sont réservés aux chefs-ouvriers d'art ou sous-chefs d'atelier régulièrement proposés pour l'avancement et ayant satisfait aux épreuves d'examen dont le programme est fixé par arrêté du Commissaire de la République.

Art. 109. — Les candidats aux emplois visés par les articles 105, 106, 107 et 108 peuvent. en cas d'insuccès, se présenter une deuxième fois aux examens prévus, sauf ceux qui auraient été promus entre temps à la classe supérieure.

Art. 110. — En dehors des cas spéciaux stipulés ci-dessus, nul ne pourra être admis qu'au grade et à l'échelon de début

Trésorerie

L'admission dans le personnel de la Trésorerie du Cameroun est soumise à l'épreuve d'un concours dont les modalités sont fixées par l'arrêté interministériel du 9 avril 1922.

Les candidats au concours doivent justifier de la qualité de français, être âgés de plus de 22 ans et de moins de 30 ans au 1er janvier de l'année du concours et avoir satisfait aux obligations imposées par la loi de recrutement de l'armée.

Le personnel comprend :

2 payeurs ;

8 commis principaux ou commis.

La hiérarchie, le traitement sont fixés comme suit :

Grades et classes	Soldes	Catégories
Payeur de 1re classe	17.300	2e catégorie
Payeur de 2e classe	15.500	—
Payeur de 3e classe	14.000	—
Commis principal hors classe	14.000	—
Commis principal de 1re classe	12.500	—
— — de 2e classe	11.500	—
— — de 3e classe	10.500	—
— — de 4e classe	9.200	—
Commis de 1re classe	8.600	3e catégorie
— de 2e classe	8.100	—
— de 3e classe	7.500	—
— de 4e classe	7.000	—

TABLE DES PLANCHES HORS-TEXTE

Clichés Section Photogr. de l'Armée

TABLE DES FIGURES DANS LE TEXTE

TABLE DES MATIÈRES

Rochefort. — Imprimerie A. Thoyon-Thèze. — 1.000-100-8-27.

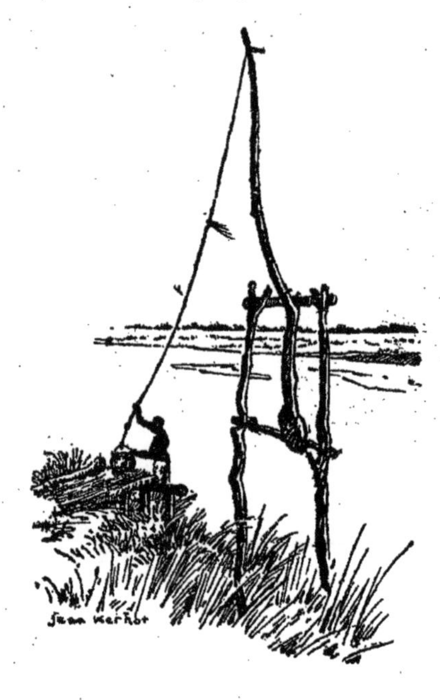

www.ingramcontent.com/pod-product-compliance
Ingram Content Group UK Ltd.
Pitfield, Milton Keynes, MK11 3LW, UK
UKHW022010170726
13837UKWH00001B/99

9 782329 081274